新書版

性差《ジェンダー》の日本史

国立歴史民俗博物館 監修
「性差の日本史」展示プロジェクト 編

インターナショナル新書 083

『新書版　性差《ジェンダー》の日本史』刊行によせて

男女の区分――なぜ？

漢和辞典を引くと、「歴」は、物事が次々に生起していく様《さま》を表し、「史」は、出来事を記録すること、記録した書を指すと記されています。しかし、日本列島社会の長い歴史の中で、歴史書に女性が登場するのは稀《まれ》でした。「歴」として存在しながら「史」たり得なかったその女性たちの姿を、具体的に明らかにしようとしたのは、在野の女性史研究者たちです。アカデミズムの世界では女性を研究対象にすることも、女性が研究することもほとんど評価されなかった時代のことでした。

一方、一九八〇年代になると、そもそも社会の中で男女という区分がなぜ意味を持つのか、しかもその区分が不平等や抑圧を生むのはなぜか、なぜ男女という区分を所与の前提とするのかという問いが生まれてきます。女性の実態を明らかにするだけでなく、男女という区分そのものに着目する、ジェンダーへの問いです。この問いは学術を超えて世界に広がり、今日では、政治、経済、社会、文化など多様な分野で、「ジェンダー主流化」と呼ばれる国際的な取り組みが活発に行われています。歴史学でも、ジェンダーの視点から歴史を見直す研究が盛んになりました。さらに、今世紀には、性差が男女という二分法で表現できない複雑さを持つことも広く知られるようになってきています。

国立歴史民俗博物館（通称、歴博）では、二〇二〇年一〇月六日から二カ月間、これらの研究に学ぶと同時に、新たな研究成果をもとに、企画展示「性差《ジェンダー》の日本史」を開催しました。日本列島社会の歴史の中から、女性や男性の姿を浮かび上がらせ、男女をきっかり区分する社会がいつ、どのように生まれ、区分の中で人々がどのように生きてきたのかをふりかえる展示です。幸い、多くの来館者をお迎えし、SNSや新聞、雑誌などでも、大きな反響をいただきました。本書は、この展示の見所を図版とともに紹介するものです。

政治空間における男女

展示では、三つの柱に沿って日本列島社会の歴史をふりかえりました。一つ目の柱は、「政治空間における男女」です。

現在の日本は、ジェンダーギャップ指数一二〇位（世界経済フォーラム、二〇二一年）と、世界の国・地域の中でもジェンダーの不平等が顕著です。その大きな理由は、政治・経済の分野での遅れです。しかし、日本社会では、昔から女性が政治に関われなかったわけではありません。「政治空間における男女」では、人々を「男」と「女」に二分し異なる役割を定めた律令国家誕生の以前から、女性を法や制度によって排除する近代国家の形成、そして戦後改革までの変化とその背景を考えます。

仕事とくらしの中のジェンダー

二つ目のテーマは、「仕事とくらしの中のジェンダー」です。

中世までは、手工業などの技術を身につけた人は男女ともに職人と呼ばれていましたが、江戸時代になると、女職人の語が生まれます。職人は本来男性なので、女性には、わざわざ「女」というジェンダーの記号を付けるという考え方が生まれてきたのです。近年、医学部入試の合格点を女性だけ高く設定し、女性の入学者数を抑えていた大学が大きな批判を浴びましたが、これも、〝医者という職業のデフォルトは男性だ〟という江戸時代によく似た発想による差別です。しかし、本書でもご紹介するように、歴史をふりかえれば、同じ職業も、時代や地域、国の違いによって男の職業になったり、女の職業になったりするのはよくあることです。職業とジェンダーの関係は固定的なものではないのです。ここでは、仕事とくらしにおけるジェンダーとその変化を紹介し、その理由や背景を探ります。

性の売買と社会

三つ目は、通史的な歴史展示としては初めての試みの「性の売買と社会」です。売春は最古の女性の職業といわれることがありますが、日本の古代社会では、職業としての売春はなかったと考えられています。また、遊女たちが、芸能や宿泊業を営む傍ら売春を行い、女系で遊女の家を継承していた中世と、遊女の身体を商品として売買し、遊女屋が遊女に売春させた近世では、その仕組みも遊女のあり方も大きく異なります。なぜ時代によってこれほど違いが生まれるのでしょうか。「性の売買と社会」では、遊女・娼妓として生きた女性たちの声にも耳を傾け、性の売買のなかった古代社会から戦後までの「性の売買」の姿を各時代の社会の特徴をふまえて明らかにしました。

ジェンダーの歴史一八〇〇年の旅へ

この展示のために作成した図録『性差《ジェンダー》の日本史』は、展示内容をぎっしり詰め込んだために、重さ一・四キログラム、歴博の展示図録の中でもっとも分厚い、〝鈍器〟のような本になってしまいました。そこで、今回、来館者やSNSでの反響が大きかった資料を中心に、ジェンダーの視点から日本の歴史を通観していただけるよう、分厚い図録を、手軽に持ち歩いて読める本にしました。本書によって、今日の日本社会のジェンダーをめぐる生きづらさ、葛藤や抑圧を生み出してきた歴史的背景が明らかになり、そこから、ジェンダーにとらわれず、だれもが自分らしく生きることのできる社会へのヒントを見つけていただければ、これ以上うれしいことはありません。

さて、最初に取り上げるのは、三世紀の邪馬台国《やまたいこく》の王卑弥呼《ひみこ》。「卑弥呼って、呪術《じゅじゅつ》の上手な女王で、男弟に政治を補佐してもらったと、学校で習ったけど……」という方もおられるでしょう。では、そのような卑弥呼像は、いつ頃、なぜ生み出されたのでしょうか。さっそく、ジェンダーの歴史一八〇〇年の旅に出かけましょう。

目次

第二章　中世の政治と男女

第四章　仕事とくらしのジェンダー　―中世から近世へ―

第七章　仕事とくらしのジェンダー―近代から現代へ―

プロローグ　倭《わ》王《おう》卑弥呼《ひみこ》

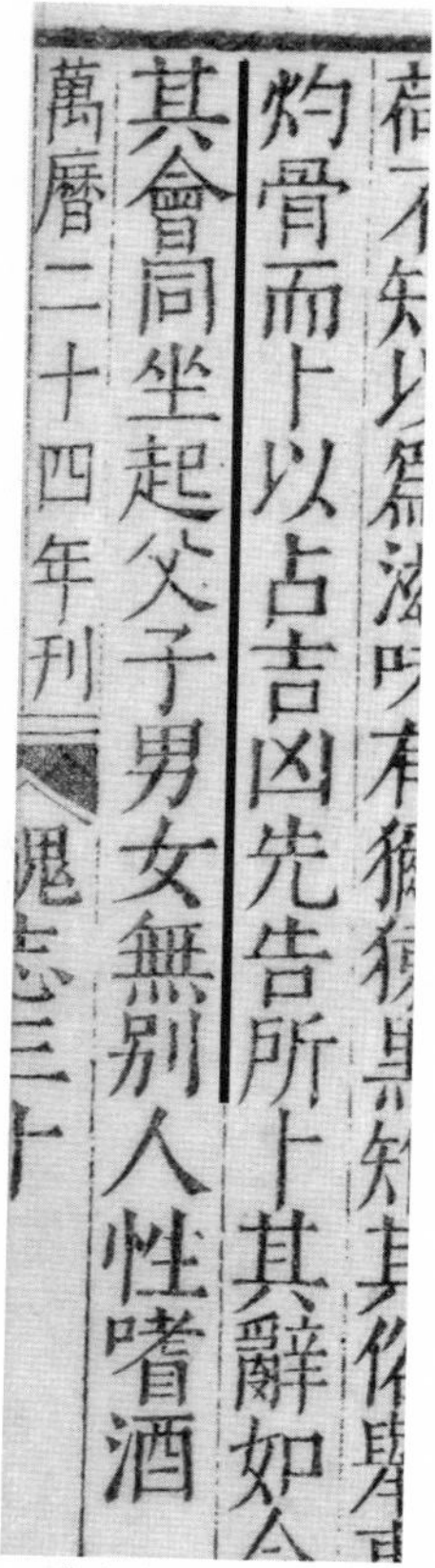
灼骨而卜以占吉凶先告所卜其辭如令
其會同坐起父子男女無別人性嗜酒
萬曆二十四年刊

図1-1　『魏《ぎ》志《し》倭《わ》人伝《じんでん》(三国《さんごく》志《し》魏《ぎ》書《しょ》東《とう》夷《い》伝《でん》倭《わ》人条《じんじょう》)』
「其会同坐起、父子男女無別」という記述の部分(傍線)。(3世紀成立、16世紀版本。国立歴史民俗博物館蔵)

『魏《ぎ》志《し》倭《わ》人伝《じんでん》』—卑弥呼即位の背景

倭の女王卑弥呼が登場することで知られる中国の歴史書『魏志倭人伝』の中には、「その会同《かいどう》・坐起《ざき》には、父子・男女の別なし」（政治集会の時のふるまいに、中国的な「礼」にもとづく長幼の序列や男女の区別はない）という一文があります。男女がともに政治に参加した倭人の社会を土台に、卑弥呼は「共立」されて倭王となりました。

古代の女性リーダーは、呪術専門《じゅじゅつ》？

「鬼道《きどう》を事とし能《よ》く衆を惑《まど》わす」（呪術的な力で人々をひきつけた）卑弥呼は、巫女《みこ》のイメージで思い描く人も多いでしょう。実は「宮殿の奥深くに籠もって神の言葉を伝えた巫女」という卑弥呼像は、明治後半近くに成立した新しい解釈です。それまでは、英略にすぐれ、周囲を服属させたリーダーだと研究者も述べていました。

卑弥呼＝巫女像に対して、あるべき君主像として強調されたのは、「英略勇武」の男性統治者です。明治後半の現実でいうと、「大元帥《だいげんすい》」である明治天皇でしょう。そして卑弥呼については、倭人伝にみえる「男弟」が実際の政治を行ったとみなされました。「巫女」を強調するのは、古代に女性リーダーがいても実際の統率者は男だ、という先入観に立った近代の見方なのです。

神に仕えたのも、女性だけではありません。五月の葵祭《あおいまつり》で知られる賀茂《かも》神社では、男女の祭祀者が神に仕えていました。山城国（現京都府）の賀茂地域を治めた豪族の男女です。伝承の世界では、「玉依《たまより》ヒコ」と「玉依ヒメ」として描かれています。タマ（玉）＝霊を依《よ》りつかせ人々を率《ひきい》る力は、男にも女にも必要でした。古代のリーダーは、男女ともに神を祀る祭祀者であり統治者だったのです。

第一章　古代社会の男女

役割や髪型の性差は、古墳時代中期の支配層から始まります。律令国家形成期には、庶民も含めて男女区分が制度化されました。しかし、男女の豪族がともに朝廷に仕える伝統はその後も残ります。また八世紀の村の集会では男女の区別は無く、田植えも女性だけの仕事ではありませんでした。実際の生活での男女区分／役割分担は、古代にはさほど明確ではなかったのです。

一、古墳の被葬者

女性首長の古墳

古墳時代前期（四世紀）の前方後円墳には、女性が葬られている事例から、女性首長が多く存在したことがわかります。熊本県の向野田《むこうのだ》古墳は残存部分の全長が約八九メートルの大型の前方後円墳で、地域の盟主的な古墳ですが、石棺からは、三〇歳代の女性人骨が見つかっています。鏡・玉類・農耕具類などの副葬品は男性首長と遜色ありませんが、武器・武具の副葬には違いがあります。女性の場合には、鏃《やじり》と甲冑《かっちゅう》は副葬されず、刀剣はすべて棺の外に置かれており、武器の副葬という点では、男女は大きく異なっていました。軍事権への関わりには男女で違いが見られるようです。それ以外の権能については、基本的に男女で違いはありませんでした。

向野田古墳の女性首長の遺骨には、妊娠痕が見られます。妊娠痕とは、妊娠中期を過ぎた女性の骨盤につく痕跡のことで、その人に妊娠経験があったかどうかがわかります。

古墳時代の女性首長に妊娠痕があることは、彼女が子を産んだことがあり、またさらに産む可能性があったことを示しています。このような女性首長の権力のあり方については、現在さまざまな見解があります。

図1-2　女性首長の埋葬
(熊本県向野田古墳。4世紀前半。写真提供:宇土市教育委員会)

武器・武具の副葬―熊本県マロ塚古墳の出土品

古墳時代中期(四世紀後半〜五世紀)になると、女性首長の古墳の割合が急速に減少します。副葬品も前期にくらべて武器・武具が重視されます。熊本県マロ塚古墳出土の副葬品には、立派な武器・武具が目立ちます。この時期は軍事的緊張を背景に男性首長が軍事権を行使したのでしょう。では、女性首長は完全にいなくなってしまったのでしょうか。古墳時代中期以降でも、中小規模の古墳には女性首長が埋葬されたと思われる事例があります。軍事的緊張が強まる中でも、女性は集落で一定の地位を占めており、この状況は次の時代にも引き継がれていったのです。

図1-3（上）　眉庇付冑《まびさしつきかぶと》
図1-4（下）　横矧板鋲留短甲《よこはぎいたびょうどめたんこう》
古墳時代中期には、副葬品に武器・武具が重視されるようになった。（熊本県マロ塚古墳出土、5世紀後半。国立歴史民俗博物館蔵。重要文化財）

二、機織具と女性の労働

女性リーダーの馬の埴輪・機《はた》を織る人物の埴輪―甲塚《かぶとづか》古墳

古墳時代の男女の姿を知る手がかりの一つに人物埴輪があります。古墳時代後期（六世紀）には人物埴輪が並ぶようになりますが、男女の奉仕者を表す埴輪が、区画を分けて配置され、異なる役割が表現されました。

図1-5　横乗り用の足台が付いた白馬の埴輪（栃木県甲塚古墳出土、6世紀後半。下野市教育委員会提供、撮影：小川忠博。重要文化財）

栃木県の甲塚古墳からは、二〇体ほどの男女の群像が一列に並んだ状態で発見されています。群像の中心が女性によって占められ、機を織る女性の存在や、馬の鞍に女性用の横乗りの足台も表現されていることから、古墳に葬られた人物は女性と推察されます。男性の立像は女性の両脇に位置しているので、女性首長に奉仕する集団であった可能性が高いと思われます。

生活に必要な衣料を得るのは、主に女性たちの仕事でした。機を織る女性の埴輪は、女性の労働の姿を伝える貴重な事例です。甲塚古墳では、女性たちが二種類の腰機《こしばた》で織っている埴輪が出土しました。**図1-6**は、楕円の台の上に、赤い円文で飾られた上衣にスカートを身につけた女性が、大きく傾斜する機台《きだい》に座って織っているところを造形しています。当時最新式の腰機による織成技術が、女性たちによって習得されていたことを示しています。

図1-6　機を織る女性坐像埴輪（CGによる復元）
（原品：栃木県甲塚古墳出土、6世紀後半。下野市教育委員会蔵）

女性が織り男性が納めた布―付札木簡《つけふだもっかん》

性別分業の問題はジェンダー史の研究課題の一つです。古代では、織成労働にその一端をうかがうことができます。八世紀に律令制が整備されると、平織りの絹や麻の布は税として成人男性が納めることになっていましたが、実際に織ったのは、生活の中で機織りの技術を保持していた女性でした。古代の豊かな織成技術と、そこからうかがえる男女の重層的な役割がわかります。

図1-7　「布の付札木簡」(表裏)
「若倭部五百国(わかやまとべのいおくに)」が税として二丈八尺の縹(はなだ)(藍染〈あいぞめ〉)の庸布(ようふ)を納めたことを示す。貢納の主体は男性だが、その背後に女性の織り・染めの労働が存在するという、律令国家的なジェンダーが表れている。(静岡県伊場遺跡出土、8世紀。浜松市博物館蔵)

三、ジェンダー区分の確立―律令国家

「山上碑《やまのうえひ》」―古代の石碑に書かれた「双系」系譜

二〇一七年にユネスコの「世界の記憶」に登録された群馬県高崎市の「上野三碑《こうずけさんぴ》」は、貴重な古代の石碑として知られています。そのうちの一つ、六八一年に作られた山上碑には、ある人物の系譜が刻まれています。地元の放光寺の僧であった「長利《ちょうり》」という人の母方・父方の系譜です。

山上碑には、こんなことが書かれています。「健守命《たけもりのみこと》の子孫の黒売刀自《くろめのとじ》、これが、新川臣の子の斯多々弥足尼《したたみのすくね》の子孫である大児臣《おおこのおみ》と夫婦になり生まれた児が長利で、この石碑は放光寺の僧の長利が、母の供養のために作った」

図1-8 「山上碑」
（681年、群馬県高崎市山名町所在。写真提供：高崎市教育委員会）

お気づきでしょうか。まず母方の系譜が書かれ、次に父方の系譜が書かれています。私たちはなんとなく、家系図は父方の系図を中心に書かれるものだと思ってしまいがちです。しかしこの系譜は、母方の系譜の次に父方の系譜が語られています。母方と父方の双方とのつながりが示されているのです。

山上碑に刻まれた系譜から見えてくるのは、父方と母方の双方から均《ひと》しくその社会的地位を受け継いだという、当時の人々の意識ではないでしょうか。人類学では「父系」でも「母系」でもなく両方をあわせた「双系」という考え方がありますが、日本の古代社会は、もともとは双系的社会だったのではないかと、この石碑は問いかけています

戸籍—男女区分の始まり

人々を男と女にくっきり分けることは、いつから始まったのでしょうか。奈良・東大寺の正倉院に残る七〇二年の戸籍では、男女が明確に区分されています。しかも女性の名前は例外なく「〇〇売（め）」と記され、一目で女性とわかります。男女の制度的区分は、律令体制が本格化し、すべての人々を記載する全国的戸籍が作られた七世紀末に始まった

と推測されます。戸籍をもとに、男女別の租税制度も整えられました。

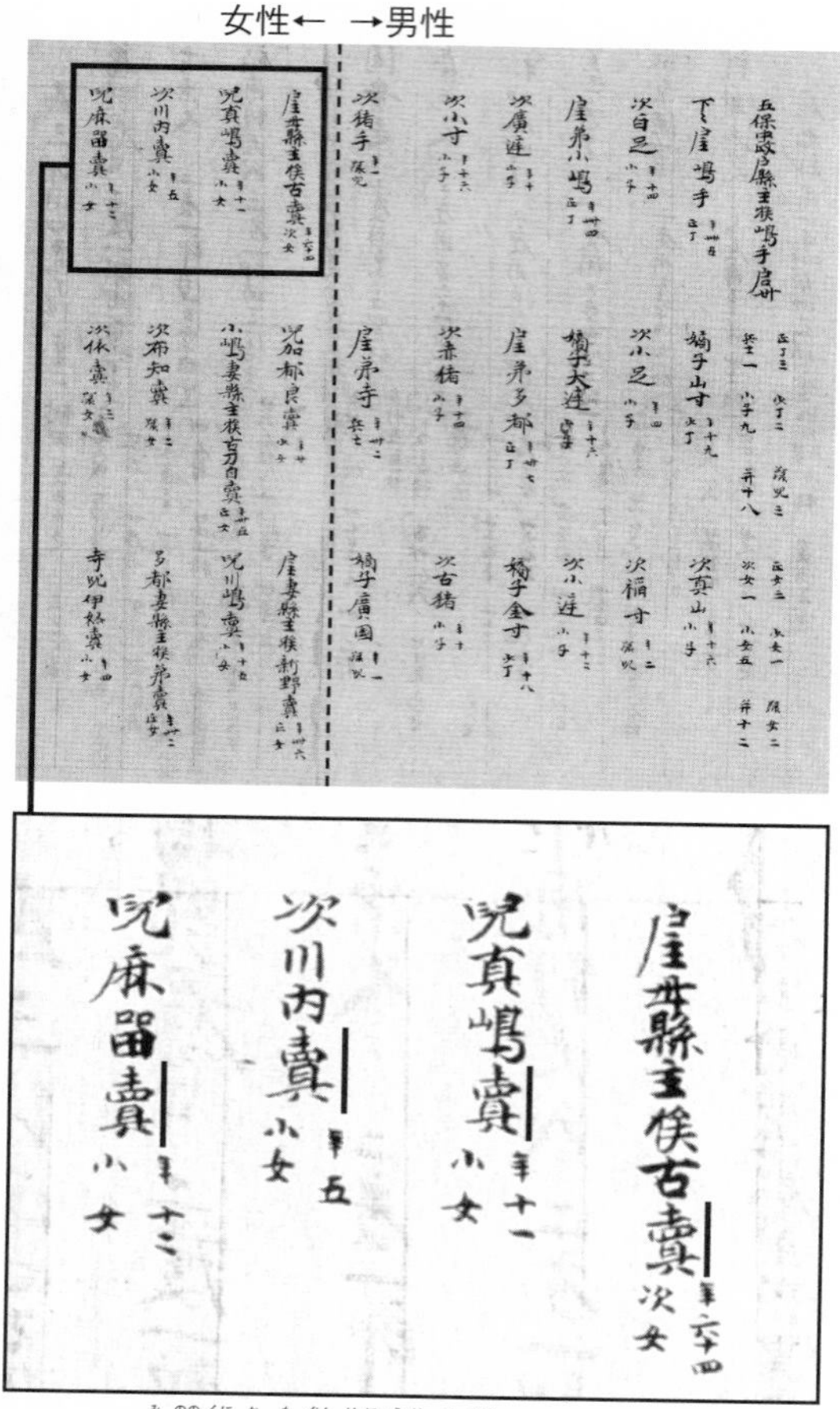

図1-9　「御野国《みののくに》加《か》毛《も》郡《ぐん》半布里《はにゅうり》戸《こ》籍《せき》」（複製。下は拡大図）
左側の4行が女性で、全員の名前に「賣（売、め）」が付いている。御野国は、現在の岐阜県。（702〈大宝2〉年。国立歴史民俗博物館蔵、原品：正倉院宝物）

しかし、戸籍以外の史料では男女が明確に区分されないことがめずらしくありません。七一二年成立の『古事記』では、記録がほぼ確かになる六世紀半ば以降の天皇の御子《みこ》の名前は、男女に関係なく「○○王」と書かれることが多く、これを見ただけでは男女の区別がわかりません（次頁図1-10）。これに対して、七二〇年成立の『日本書紀』では、男の御子は「皇子《みこ》」、女の御子は「皇女《ひめみこ》」と表記されます。

「皇子」「皇女」という男女別の称号が新たに作られたのは、やはり七世紀末の律令制の導入により男女の御子の地位・待遇に差が設けられたことと深く関わっています。その前は男女の御子の称号はともに「王」で、系譜も男女順ではなく生まれた順で記すことが普通でした。『古事記』はその古い表記方法を残していると考えられます。現代の学校の男女混合名簿を思わせる形式です。そもそも戸籍制度導入以前には、男女を明確に二分する観念は乏しかったのではないでしょうか。

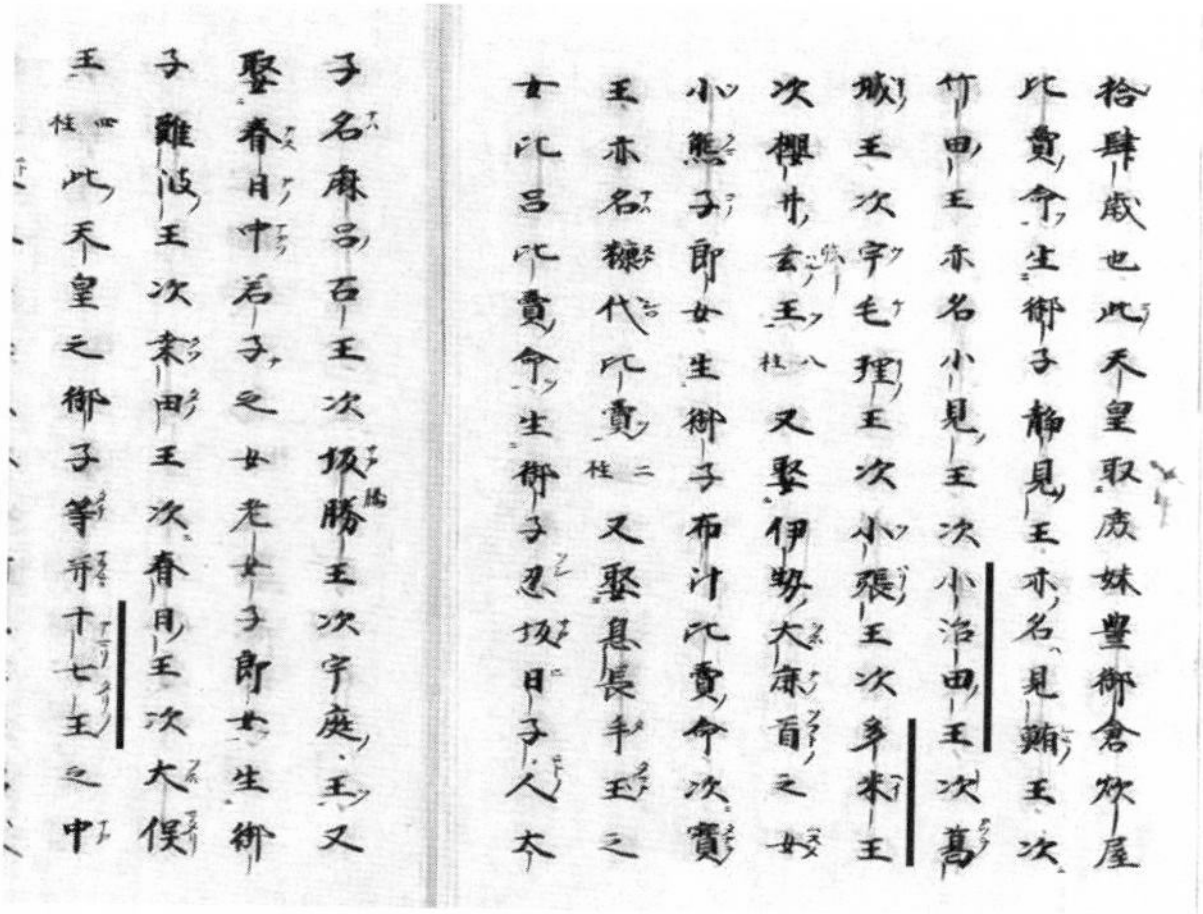

図1-10　『古事記』下巻・敏達《びだつ》天皇段

17名の御子のうち、16名が「○○王」という表記で、この中には「小治田（おはりだ）王」（『日本書紀』では「小墾田皇女」）「多米（ため）王」（『日本書紀』では「田眼皇女」）など、女性の御子も含まれているが、名前と称号で男女を区別していない。（712〈和銅5〉年成立、江戸時代写。国立歴史民俗博物館蔵）

コラム　「娶」を「みあう」と読むこと

「山上碑」（群馬県高崎市所在・二六頁）は、「長利《ちょうり》」という僧が母のために建てた石碑です。七世紀後半の地方豪族の系譜が書かれていて、母＝黒売刀自《くろめのとじ》が、父＝大児臣《おおこのおみ》に、「娶生児長利」と記されています。「娶」の訓《よ》みは、普通「メトル」ですが、この「娶生」は、「ミアヒテウム」と訓むべきだと考えられます。なぜでしょうか？

「娶」という漢字は「女」＋「取」で成り立っています。「メをトル」という意味です。漢字が生まれた古代の中国は、男が女を自家に迎える嫁取り婚だったので、それにふさわしい字です。しかし、古代の日本では、男が女のもとに通い住みつくのが普通でした。「娶」という字は、婚姻を表す文字として受け入れただけなので、古代日本の史料に見える「娶」を「メトル」と訓むのは、当時の婚姻の実態に合わないから間違いです。

　では何と訓むのでしょうか。ヒントは神話にあります。『古事記』のイザナギ・イザナミによる国生み神話では、互いに「良い男よ」「良い女よ」と相手に呼びかけあい、「御合して生む子……」とつぎつぎにたくさんの島（日本列島）を生んだといいます。「御合」＝「娶」で、訓みは「ミアヒ」となります。メトルは男性主体、ミアヒは男女が主体の婚姻語です。

　日本でも、後には嫁取り婚になりますから、「娶」＝「メトル」の訓みは、その時代になれば間違いではありません。

図1-11　『古事記』下巻・敏達天皇段
敏達天皇のキサキとその生んだ御子を書き上げた部分（図1-10と同じもの）。神話を参照すると、「娶」は「ミアヒて」と読むのが良いだろう。（国立歴史民俗博物館蔵）

ちなみに『時代別国語大辞典上代編』（三省堂）には「めとる」の項目はなく、「みあふ」に「結婚する」の意味があります。上代（奈良時代以前）には、「めとる」という日本語は存在しなかったのです。「娶」＝「メトル」の訓みが登場し一般化するのは平安時代後期以降のようです。

現代の私たちは、「娶」の訓を「メトル」と学びますが、その訓読変化の歴史をジェンダー視点で読み解くと、いろいろなことが見えてきます。

「采女《うねめ》」はキャリア女性

律令国家は、中国式の男性中心の官僚機構を作り上げ、貴族の男性に対しては、原則として官に仕えることを求めました。一方で、貴族の女性に対しては、一つの氏族から一人の宮仕《みやづか》えという仕組みを導入しました。罪を祓い清める大祓《おおはらえ》にも男女がともに参加しました。

大和朝廷と地方豪族の関係は、地方から代表を送ることによって維持されました。まさにフェイストゥフェイスの関係です。代表は、男女どちらでもＯＫ。その役割を担った人たちの中には、ウネメ（采女）もいました。彼女たちは大王のマツリゴトを助け、律令時代には宮廷女官として活躍しました。

地方から大王に「貢《ぐ》」された、かわいそうな美女……五〇年ほど前には、こんな采女像が広がっていました。一因は「貢」の意味を研究者たちが読み間違えていたことです。実は、律令の規定では、地方から人材を推薦する時には、男女を問わず「貢」という字が使われています。「贈り物」という意味ではなかったのです。

古代の女官は、天皇のハーレムの一員だった？　とんでもない！　そもそも、古代の大王の結婚生活は、夫婦別居でした。大王の妻たちは、それぞれ自分の一族の拠点に宮殿を持ち、そこで子どもたちを育てていました。大王は、隔絶した空間としての後宮《こうきゅう》など持ってはいなかったのです。女官の仕事は、マツリゴトを支えること。既婚未婚・年齢不問。中央・地方から、選《え》りすぐりの人材で構成されたキャリアたちでした。

因幡国《いなばのくに》出身の女官の骨蔵器

八世紀初頭に活躍した、因幡国（鳥取県）出身の女官、「伊福吉部徳足比売臣《いおきべのとこたりひめのおみ》」の銅製の骨蔵器（火葬した骨を納めた器）。蓋《ふた》には徳足の事績が刻まれています。徳足の生涯は、日本が律令国家建設に足を踏み出した時期の女官の実像を垣間見せてくれます。正史には、男官と同様に女官も律令で定めた勤務評定の結果として昇進したことが記載されています

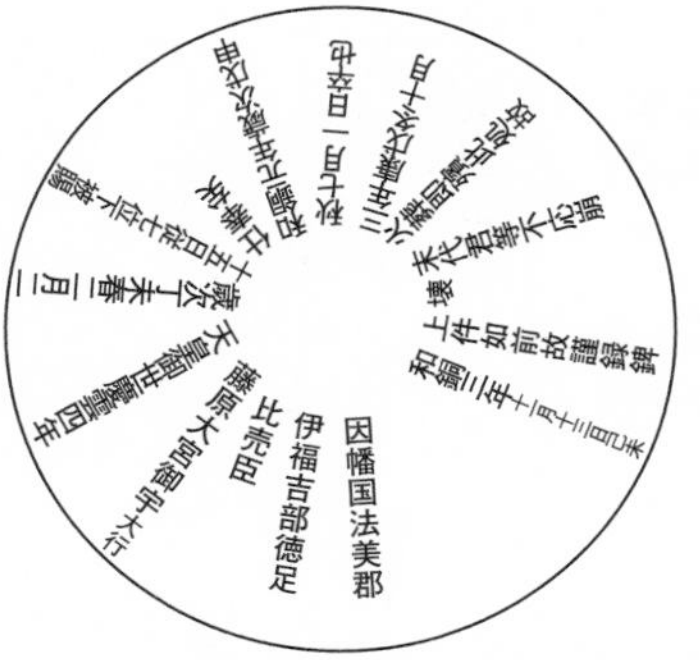

図1-12　「伊福吉部徳足比売臣骨蔵器」およびその銘文
（710〈和銅3〉年。東京国立博物館蔵、出典：ColBase〈国立文化財機構所蔵品統合検索システム〉。重要文化財）

が、骨蔵器には、その日に、徳足が従七位下《じゅしちいのげ》の位階を得たことが記されています。

この骨蔵器は、二〇一九年にリニューアルした、国立歴史民俗博物館の第一展示室（先史・古代）にも複製を火葬の例として展示しています。しかしリニューアルの準備をしている時点では、ジェンダーの視点から重要な資料であるという認識はありませんでした。今回の「性差の日本史」展では、その反省をふまえて、改めてこの骨蔵器を取り上げました。ジェンダーの視点を取り入れることで、歴史資料が新たな意味を持つことになりました。

「女子群像板絵」―地方政治空間の男女

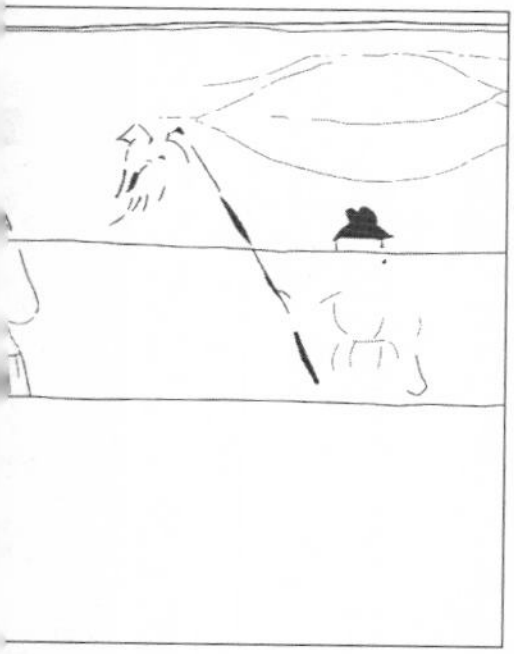

鳥取県青谷横木《あおやよこぎ》遺跡（鳥取市）から出土した「女子群像板絵」は、飛鳥にある高松塚古墳壁画の風俗・構図と類似しています。絵柄には高句麗《こうくり》と唐との折衷的な要素が見られます。

この遺跡からは、男官と女官のシルエットを示すと考えられる祓《はら》いの人形もそれぞれ複数枚出土しており、

図1-13　「女子群像板絵」(赤外線写真。上はトレース図)
(鳥取県青谷横木遺跡出土。7世紀末～8世紀初頭。鳥取県埋蔵文化財センター蔵)

冠《かんむり》や髷《まげ》から男女の官人の姿と推定できます。律令など古代日本の法制史料をみている限り、地方行政組織のどこにも女性はいませんが、地方の役所における男女の奉仕を考える素材として大変貴重なものです。

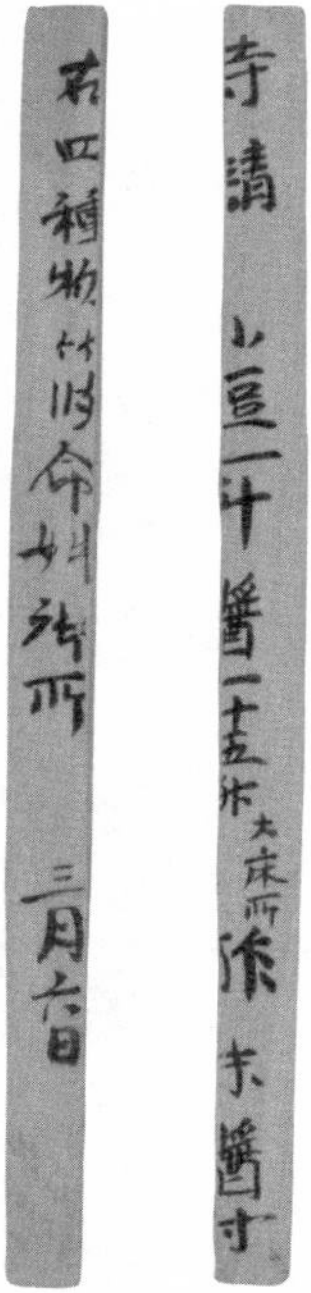

寺請　小豆一斗　醤一斗五升大床所酢　末醤等

右四種物竹波命婦御所　三月六日

図1-14　「竹波命婦」木簡（複製。右は表、左は裏）
（平城宮跡出土。奈良時代。国立歴史民俗博物館蔵。原品：奈良文化財研究所、国宝）

「竹波命婦《つくばのみょうぶ》」木簡─最初に発見された木簡

奈良の都・平城宮跡から出土した木簡。ある寺が「竹波命婦」の指示によって、御所の食料として小豆、醤《ひしお》、酢などを請求した、という内容です。

竹波命婦は、常陸国筑波郡《ひたちのくにつくばぐん》出身の采女、壬生直小家主女《みぶのあたいおやかぬしめ》で、後に掌膳《しょうぜん》（膳司《かしわでのつかさ》の管理職）として称徳《しょうとく》女帝の食膳を掌《つかさど》っていた側近の女官でした。

この木簡、実は平城宮跡出土の記念すべき第一号の木簡でもあります。一九六一（昭和三六）年に発見されたこの木簡は、他の三八点の木簡とともに、二〇〇三（平成一五）年に木簡として初めて重要文化財に指定され、二〇一七（平成二九）年に国宝に指定されました。ジェンダー史のみならず、木簡の研究史上でも重要な資料です。

四、サトの生活―男女の協働

春の田祭りの日―『令集解《りょうのしゅうげ》』に書かれた地域社会

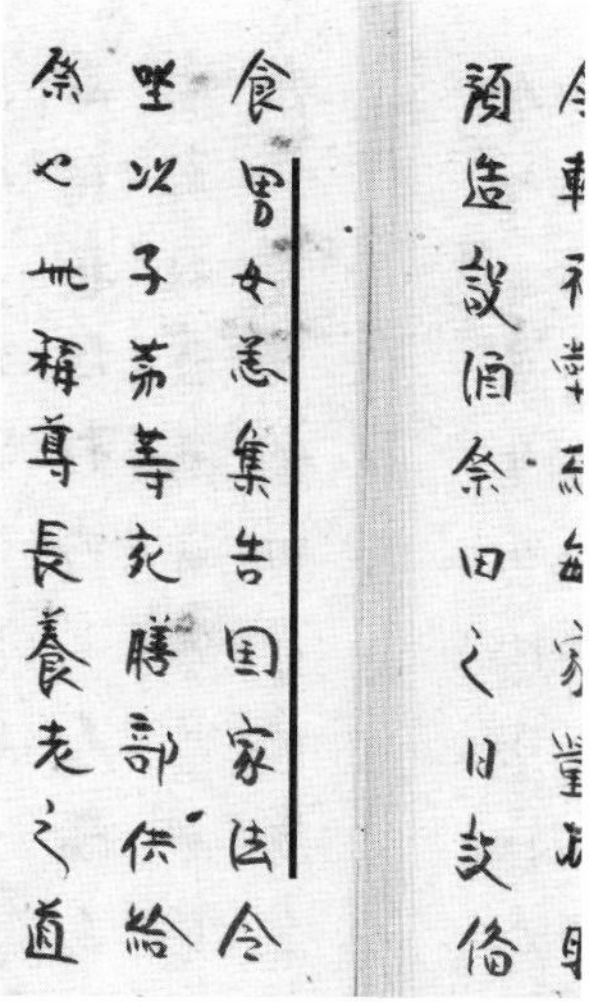

図1-15　『令集解』巻28、儀制令《ぎせいりょう》春時《しゅんじ》祭《さい》田条《でんじょう》（注釈部分）
祭りの日には男女の村人が全員集まり、国家の法が告げられた。（9世紀中頃成立、17世紀写。国立歴史民俗博物館蔵）

古代の律令に書かれた法律の条文は内容が難しく、時の法律学者たちも解釈に悪戦苦闘しました。九世紀に成立した律令の注釈書『令集解』にその苦労の跡を見ることができます。難解な法律とその注釈が並ぶ中で、古代の村に生きた人々の様子がわかる条文があります。それが「儀制《ぎせい》令《りょう》春時祭田条《しゅんじさいでんじょう》」です。

春時祭田条の本文には、こうあります。「春の田祭りの日には、郷《さと》の老人を集めて、宴会儀礼を行え。それによって人々に長老を尊び大事にすることを学ばせよ。宴会に用いる酒や料理などには公費を用いよ」。この条文に、奈良時代の法律学者は、次のような注釈を施しています。

「〝春の田祭りの日〟というのは、村の神社に人々が集まるお祭りのことである。祭りの当日には、神前に酒と食物を供え、男女の村人が全員集まり、国家の法が告げられる。終わると男女は年齢順に座につき、若者が給仕役となって人々を接待する。この祭りは春と秋の年二回行われる」

無味乾燥な法律の注釈の中で、村の祭りの様子を詳しく再現したこの注釈は異彩を放っています。村の男女が集まる前で「国家の法」が告げられるという集会は、『魏志倭人伝』の「集会でのふるまいに父子・男女の差はない」という記述にも通じ、男女がともに政治に参加した、古代社会の実態を想像させます。

図1-16　田祭りの直会の様子
地位や年齢にしたがって座が設けられていることを復元したもの。①は郡司や祝（はふり）といった地位の高いものの座、②は祝の下にある神部（かんべ）の座、③は男女の古老（オキナとオウナ）の座で、若者二人から飲食の給仕を受けている。④は一般参加者の座。ここには、「ヨチ」と呼ばれる若者の集団のリーダー（⑤）や、8歳～10代前半までのワラハ（⑥）も含まれる。（「青木遺跡・古代神社復元模型」より。平石充企画監修、島根県立古代出雲歴史博物館制作）

この古代の田祭りについては、近年、八～九世紀の神社で実際に行われていた痕跡が確認されています。上の図（模型）は、『令集解』の記述を参考に作った、田祭りの直会《なおらい》（宴会儀礼）の様子です。

五、耕す―男女の労働と経営

田植えは女性の仕事？

「早乙女《さおとめ》」という言葉があるように、田植えは女性の労働ととらえられてきました。しかし近年の研究によれば、田植え労働において女性の割合が増えるのは早くとも九世紀後半以降であり、それ以前は男女ともに田植え労働に従事していたことがわかってきました。

福島県荒田目条里《あったためじょうり》遺跡から出土した九世紀中頃の木簡によると、陸奥国磐城郡《むつのくにいわきぐん》の役人が、村の有力女性である里刀自《さととじ》以下三六名に田植えの労働を命じています。三六名のうち、女性と思われる名前は三名にとどまっています。

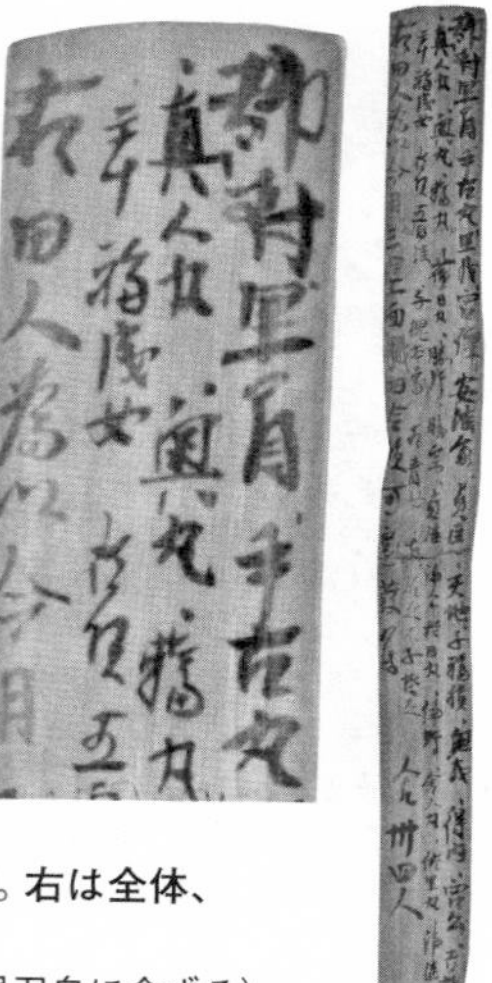

図1-17　「『里刀自』木簡」（複製。右は全体、左は部分）
冒頭に「郡符（ふ）す里刀自」（郡が里刀自に命ずる）とある。田植えに動員された人名は、1行目の「里刀自」および3行目の「壬生福成女（みぶのふくなりめ）」ら3名以外は男性。（福島県荒田目条里遺跡出土、9世紀半ば。国立歴史民俗博物館蔵。原品：いわき市教育委員会蔵）

また、『日本紀略』という歴史書によると、八三二年に「皇后（中略）農業の風を観る、（中略）および植田の男女らに禄を賜う（皇后が農業の風俗をご覧になった。田植えをした男女らに給与を支給した）」とあり、短い記事ですが、ジェンダーの視点で読み直すと、男女ともに田植えをした点が見過ごせません。

一方、青谷横木遺跡から出土した一〇世紀後半頃の木簡によると、「殖女《うえめ》八人」、「男三人」「少子一人」と、田植えの労働力が男女別に記録されていますが、女性の割合が多いことがわかります。

さらに一一世紀に成立した『栄花物語《えいがものがたり》』という歴史物語には、藤原道長が田植田《たうえでん》楽《がく》を見物した記述が見えます。それによると、「年の若いこぎれいな女たちが、白い衣装に笠をかぶり、化粧をして田植

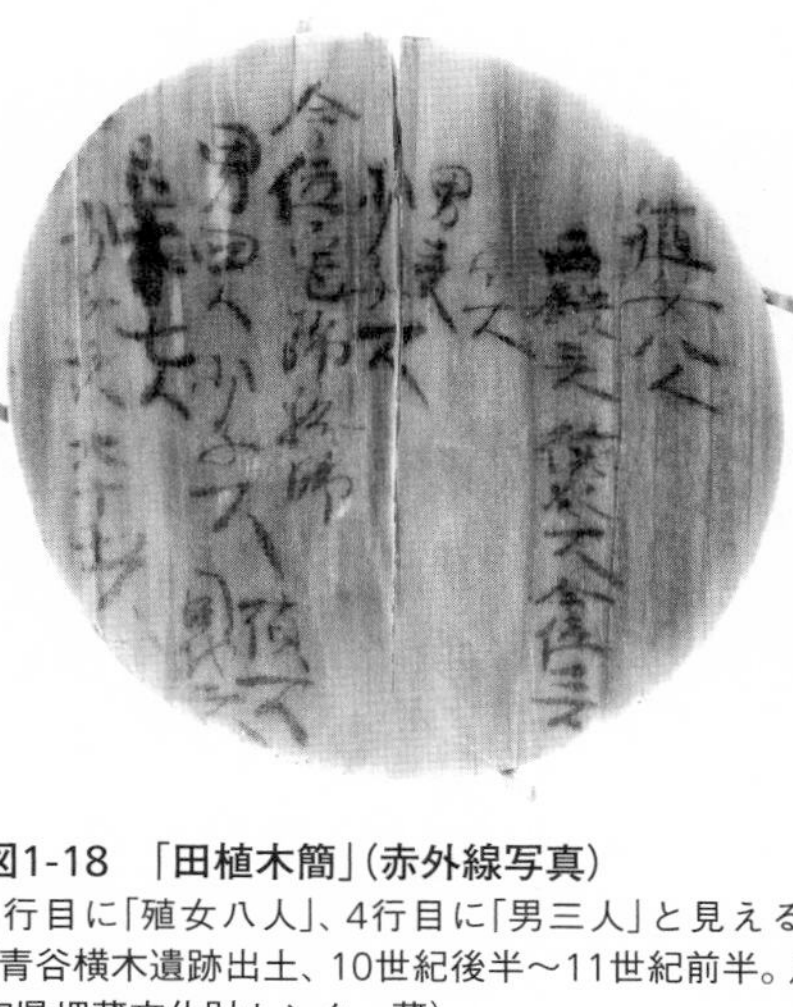

図1-18　「田植木簡」（赤外線写真）
1行目に「殖女八人」、4行目に「男三人」と見える。（青谷横木遺跡出土、10世紀後半〜11世紀前半。鳥取県埋蔵文化財センター蔵）

えを行った」と描いており、この頃には早乙女のイメージが定着していたことがわかります。一方男性は、楽器を鳴らし、歌を歌い、田植えを囃《はや》し立てる役割として描かれます。後でご紹介する、一六世紀頃の風俗画に描かれた田植えの風景（第四章、七四頁）とよく似ています。

第二章　中世の政治と男女

平安時代には、朝廷は男性中心の社会となり、女性の姿は御簾《みす》の陰に隠れて見えにくくなります。しかし、男性の院と並ぶ女院のような有力な女性も存在し、また女房という形で、女性も引き続き政治の場にも参加していました。

一、御簾の向こうの女性たち

女性はどこに？──「駒競《こまくらべ》行幸《ぎょうこう》絵詞《えことば》」

一〇二四（万寿元）年、関白藤原頼《ふじわらのより》通《みち》の邸宅に天皇が行幸した場面を描いたものですが、御簾《みす》の下に、女房装束《にょうぼうしょうぞく》の袖《そで》と裾《すそ》がのぞいています。「打出《うちいで》」という装飾で、女性たちが御簾の中に居ることを示しています。

この時代に書かれた『枕草子《まくらのそうし》』には、身分の高い女性が人に顔を見せなくなった中で、仕事柄、人に顔を見せる女房のことを低く見る見方があったことが書かれています。

図2-1　「駒競行幸絵詞」上巻
左の御簾の下に、女房装束の袖と裾が見えている。
〈模本。江戸時代後期〈原本：鎌倉時代末期〉。狩野晴川院画。東京国立博物館蔵、Image:TNM Image Archives〉

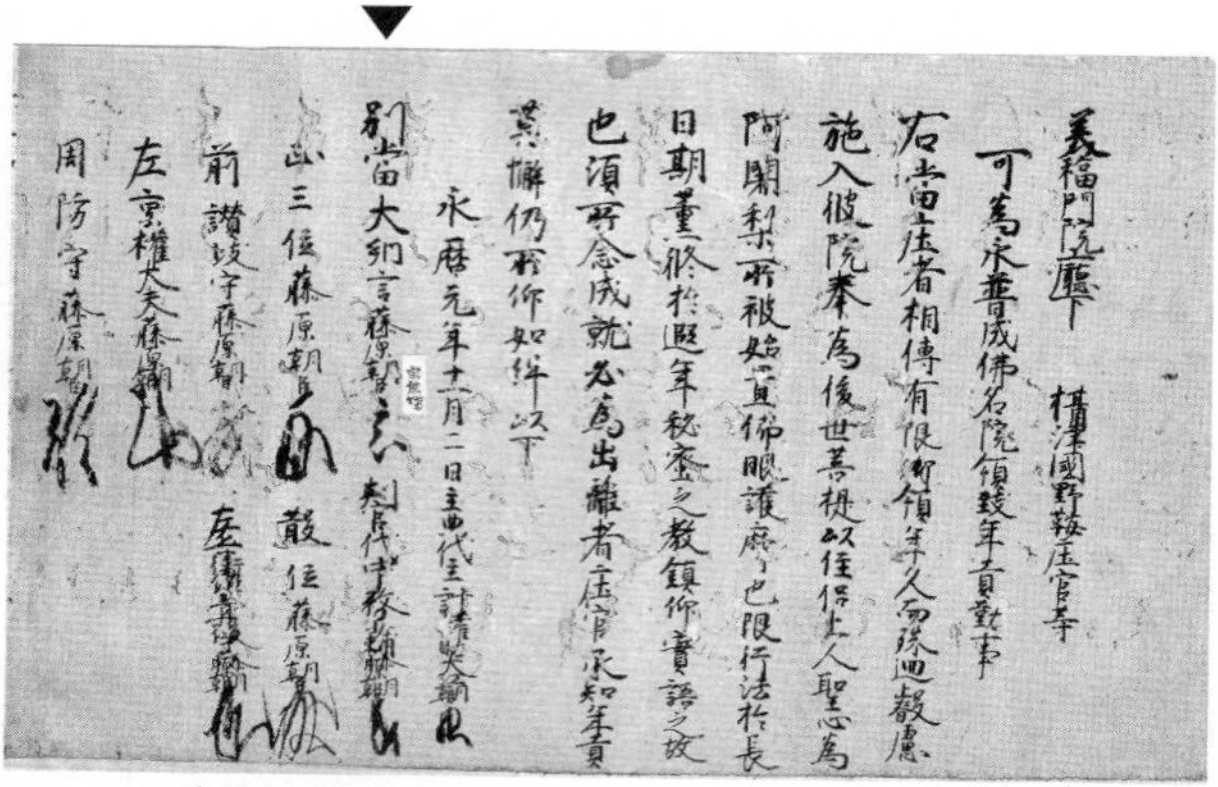
美福門院廳下　攝津國野鞍庄官等
永暦元年十一月二日
別當大納言藤原朝臣
前讃岐守藤原朝臣
左京權大夫藤原朝臣
周防守藤原朝臣

図2-2　「美福門院庁下文《びふくもんいんちょうくだしぶみ》」
後ろから5行目「別當（当）」以下が院司たちの署名（1160〈永暦元〉年。国立歴史民俗博物館蔵）

二、女院と女房のはたらき

女院《にょいん》とその文書《もんじょ》

「女院」とは、天皇の母などで、男性の院（上皇）にならって「○○院」という称号と待遇を与えられた女性です。男性の院と同じように、事務所である院庁が置かれ、女院の場合は「女院庁《にょいんのちょう》」と呼ばれました。

図2－2は、鳥羽上皇の后《きさき》であり、近衛《このえ》天皇や皇女暲子《しょうし》（後の八条院）の母であった、美福門院《びふくもんいん》（藤原得子《ふじわらのとくし》）の女院庁が発給した文書です。大納言藤原宗能《ふじわらのむねよし》以下のれっきとした公家たちが院司《いんじ》（職員）として署名しており、女院の権威がうかがわれます。

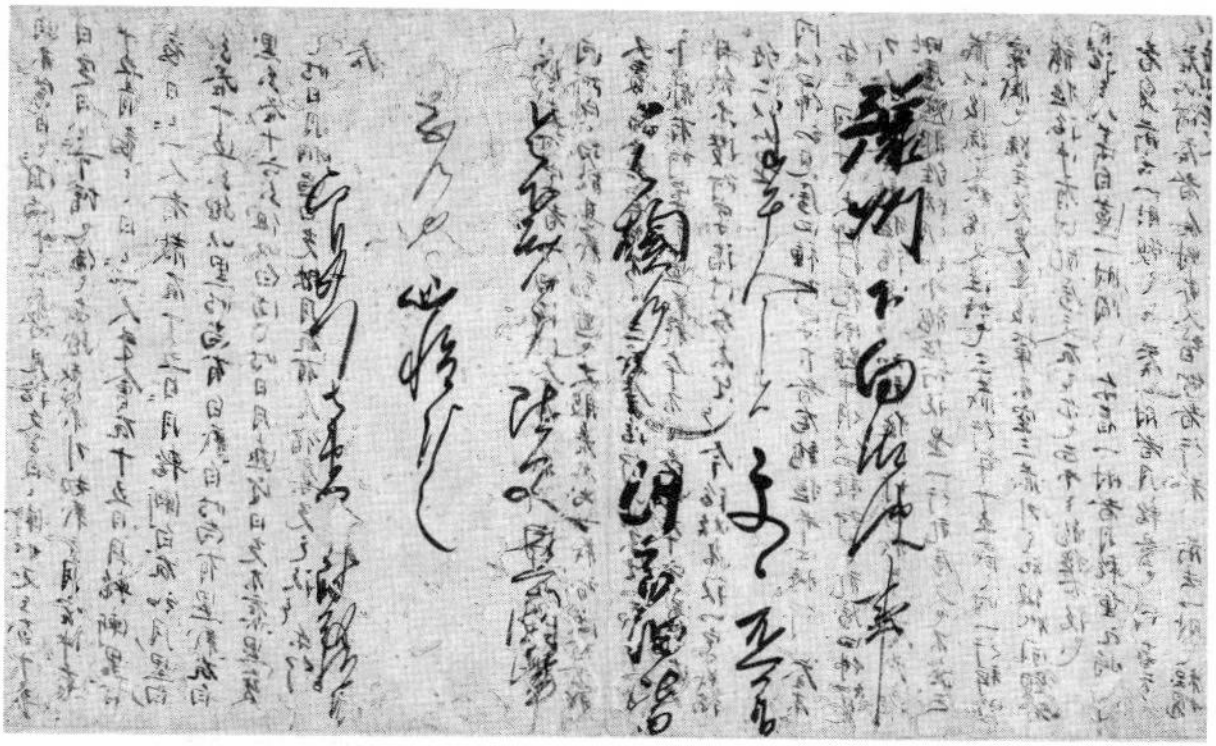

図2-3　「源義経書状」
「高山寺旧蔵聖教紙背(しょうぎょうしはい)文書屛風」の一通。「豫(予)州下向御使事…」とある。細かい文字は裏に書かれた経典。(1185〈元暦2〉年6月28日。国立歴史民俗博物館蔵。重要文化財)

女院への返事—義経の自筆文書

美福門院と鳥羽上皇の娘である八条院については、その院司のもとに蓄積された、女院庁の運営に関する文書の一部が現存しています。使用後に反故《ほご》紙として京都の高《こう》山寺《ざんじ》に寄進され、仏典の裏となって残ったものです。現在は屛風に貼られていますが、特にこの「源 義経書状《みなもとのよしつねしょじょう》」は、義経の自筆文書として有名なものです。

八条院は、「八条院領」と呼ばれる莫大な荘園を所持し、不遇な人物を庇護するなど、当時大きな影響力のあった女性です。この義経の手紙は、源平合戦の後で、伊予国司である義経に八条院が現地の状況を尋

いくさが終わったけど
使いを出しても
大丈夫?
伊予国
大丈夫です。
現地にも伝えました。
OK!
源義経
八条院
（イラスト：甲島於々史）

ねた、その返事なのです（イラスト参照）。

この屏風の中には、源平合戦の平家方の総大将、平宗盛《たいらのむねもり》が出した書状もあります。「八条院領の荘園から兵糧米を無理に取らないように」という八条院の依頼に、「わかりました。仰せのようにいたします」と返事をしたもので、八条院が武家の実力者と直接交渉して、要求を通してしまう政治力もうかがえます。

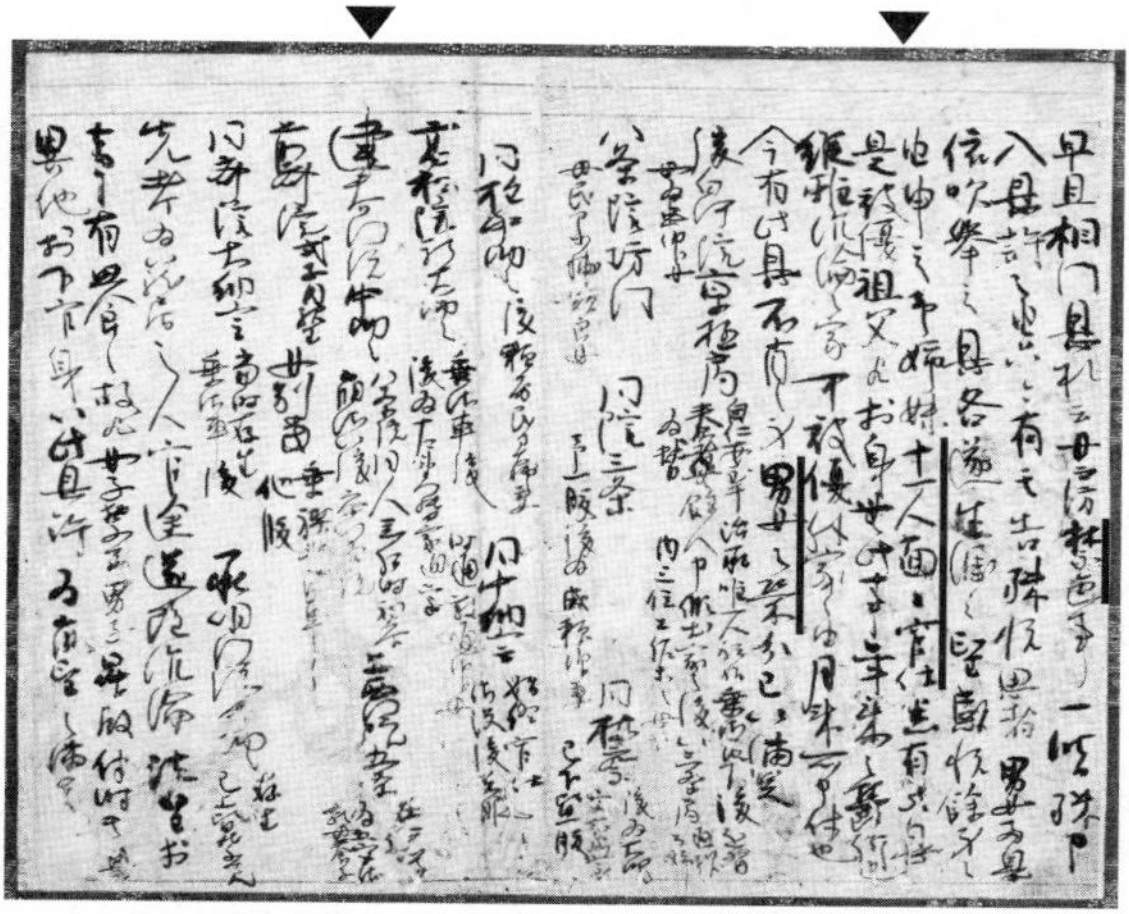

図2-4　「明月記切《めいげつきぎれ》」

1行目の中程に「禁色」、7行目の中程に「男女之栄」が見える。▼は次頁コラム参照。（1226〈嘉禄2〉年12月18日。慶應義塾大学図書館蔵）

娘が女房として出世―『明月記《めいげつき》』

歌人として有名な藤原定家《ふじわらのていか》の日記『明月記』の断簡。定家は、娘が女房として禁色《きんじき》（身につけるには天皇の許しが必要な色・材質の衣服）を許されたと歓喜し、〝うちの娘も息子もすばらしい出世!!　まさに「男女の栄」だ〟と誇らしげに書いた部分です。

一一世紀初め頃、清少納言は『枕草子』に〝人に顔を見せなくちゃいけないのだから、女房勤めが軽々しいと言われても仕方ないが……〟と書きましたが、その二〇〇年後の定家の頃には、女房は誇らしい地位に変わっていました。

貴族女性が女房として院や女院に仕え、時に主人の荘園形成を助けることで、主人から荘園の経営を任されたりしたことは、実家の家産形成に大きな役割を果たしました。また女房集団の中で実家の家格に見合う待遇を得ることは、貴族男性が官人として家格にふさわしい官位を得ることと同様に、貴族の家にとって家格の維持、家の存続に重要なことでした。

コラム　八条院に仕えた定家の姉

先の「明月記切」（前頁図2－4）には、藤原定家の姉妹（つまり父藤原俊成の娘）一一人が、いずれも女房として「官仕《みやづかえ》」、すなわち「官」に出仕したと自慢げに記されています（四行目）。呼び名と経歴がすべて書き上げられているのですが、その一人に、八条院に仕えた「健御前《けんごぜん》」という姉がいました。前頁の写真では、後ろから六行目に「建春門院中納言《けんしゅんもんいんちゅうなごん》／八条院同人……」と書かれています。後白河院の后であった建春門院（平　滋子《たいらのしげこ》）や八条院に仕えた健御前は、『たまきはる』という回想録を残していて、御所の様子がうかがえます。

八条院は、皇女として育ったせいか、大らかでこだわらない人だったらしく、御所の規律も緩くて、掃除は行き届かないし、職員たちは、好きな時に来て、夜は近くの自宅へ帰ったりするので、呼んでも誰も居ないこともあるが、別に何とも言われなかった、などと書かれています。

義経の書状と同様に裏文書として高山寺に残った八条院庁の文書には、職員の詰め所「侍所《さむらいどころ》」の出勤簿があるのですが、それを見ると、夜勤をしていない人物もいて、そのことが裏付けられます。

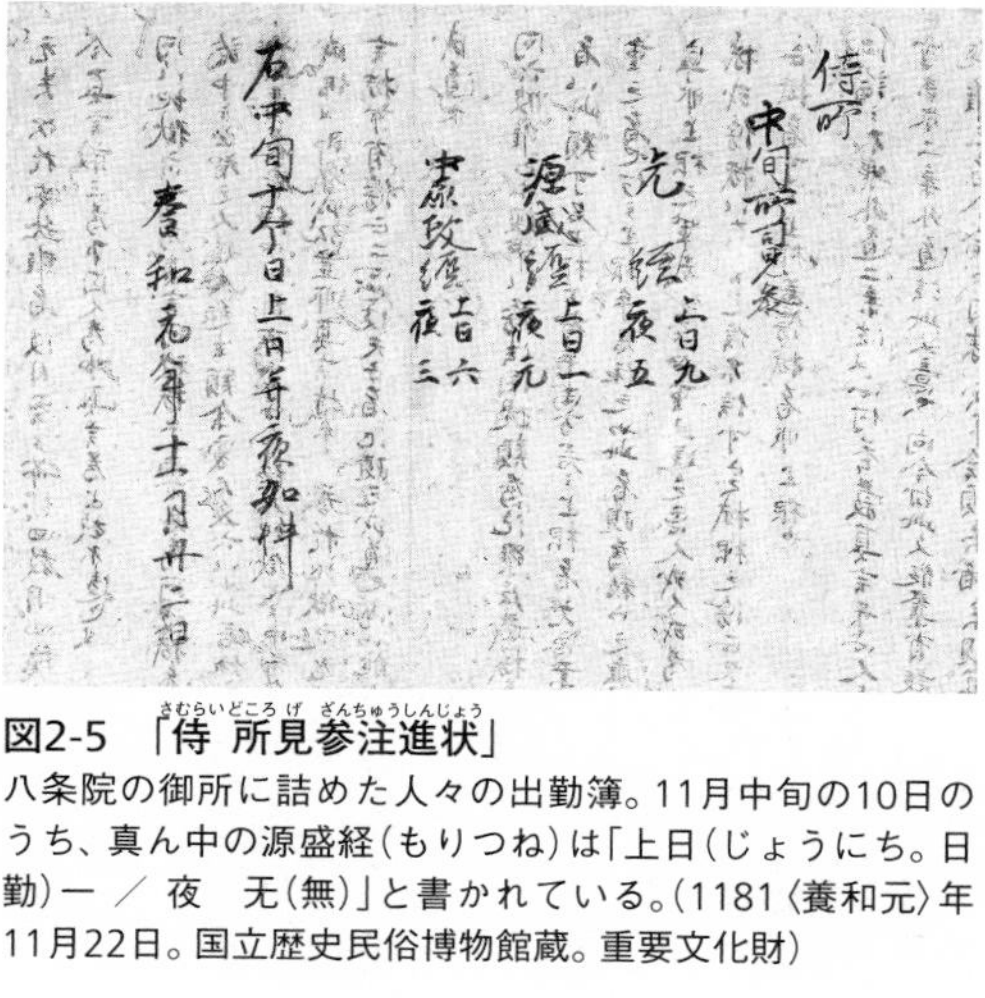

図2-5 「侍所《さむらいどころ》見《げ》参《ざん》注進状《ちゅうしんじょう》」
八条院の御所に詰めた人々の出勤簿。11月中旬の10日のうち、真ん中の源盛経（もりつね）は「上日（じょうにち。日勤）一 ／ 夜 无（無）」と書かれている。（1181〈養和元〉年11月22日。国立歴史民俗博物館蔵。重要文化財）

しかし健御前は、そんな物事にかまわない八条院の御所のことを、「それらがみな恋しきなり」と懐かしんでいます。

天皇の言葉の取り次ぎ―女房奉書《にょうぼうほうしょ》

女房の政務に関する仕事がわかる資料に、天皇の指示を外部に取り次いだ女官の文書「女房奉書」があります。平仮名の「散らし書き」という独特の書き方で知られるもので、写真の例は、広《ひろ》橋《はし》兼顕《かねあき》という室町時代の公家の日記に貼り込まれていたものです

女房奉書は難読の古文書としても有名ですが、何とか判読すると、こう書いてあります。

「むろまち殿よりまいり候／御くわひん（花

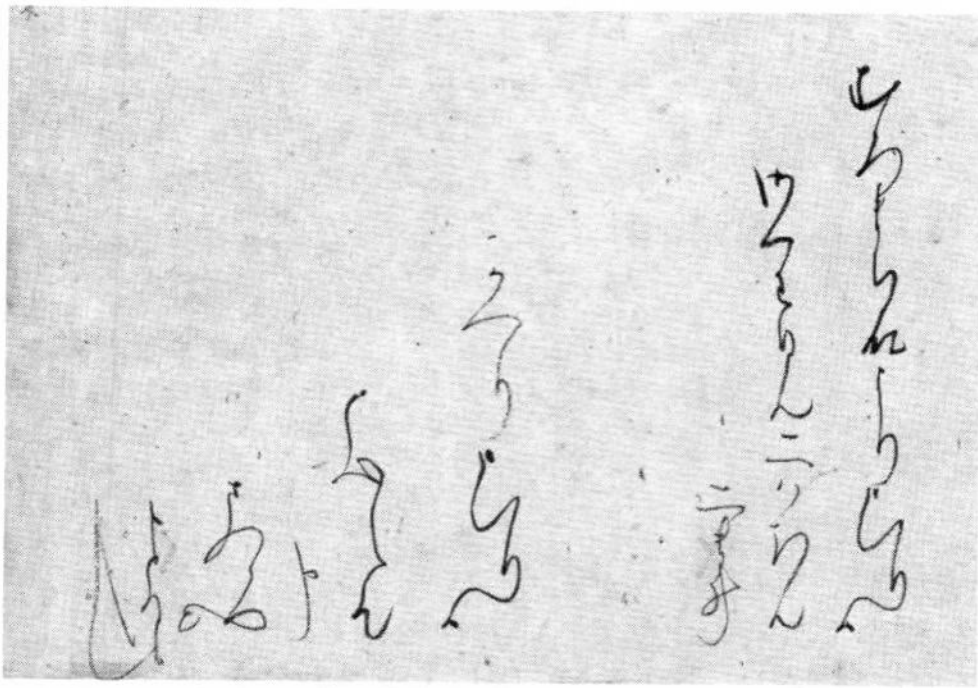

図2-6　女房奉書（「兼顕卿記《かねあききょうき》」）
（1478〈文明10〉年7月10日条。国立歴史民俗博物館蔵）

瓶）二、御ほん（盆）／二まい（枚）／かへりまいり候／御心候て／申／され候へ／と／申とて候／かしく」

日記の本文などから背景がわかるのですが、七夕に際して将軍（足利義尚《あしかがよしひさ》）から花が贈られた、その花瓶と盆を返すように、という天皇（後土御門《ごつちみかど》天皇）の指示を伝えたものです。天皇の言葉を受けた、女房の長である勾当内侍《こうとうのないし》は、この女房奉書を書いて、幕府との窓口である武家伝奏《ぶけてんそう》の広橋兼顕に送り、受け取った広橋兼顕が幕府に連絡する、という手順がわかります。以上をイラストにすると、次ページのようになります（上から下へ）。

近世に至るまで、このように女房が天皇の言葉を外に伝える役目を果たしていたのですが、また後で出てくるように、明治になると、女房は全員免職されてしまいます。その時の宮内大丞《くないだいじょう》吉井友実《よしいともざね》が、「是迄《これまで》女房の奉書など諸大名へ出せし数百年来の女権唯《ただ》一日ニ打消シ、愉快極まりなしや」と日記に書いたこと（第五章一二六頁参照）の前提には、宮中という政治空間での、このような女房の働きがありました。

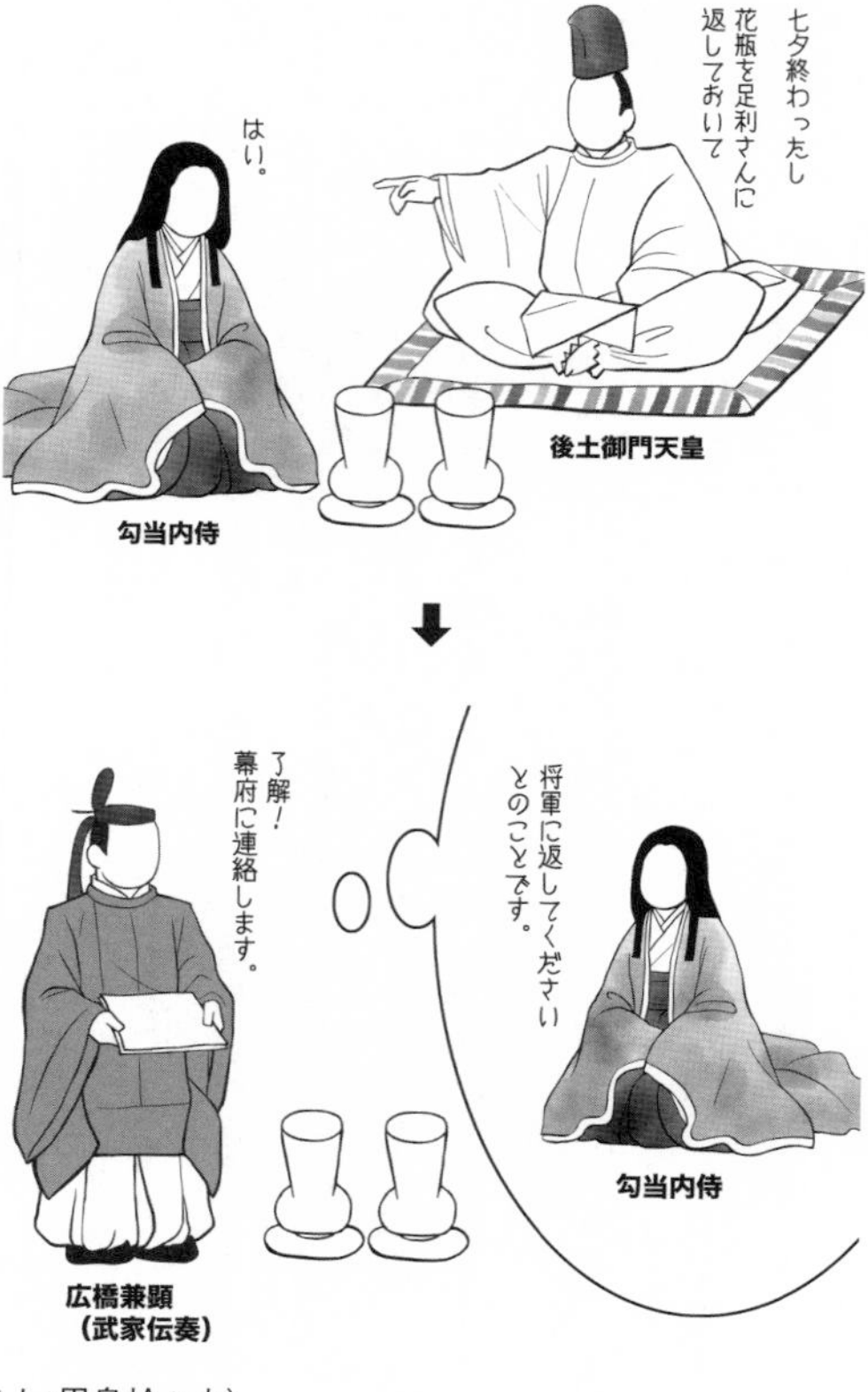
七夕終わったし
花瓶を足利さんに
返しておいて
はい。
後土御門天皇
勾当内侍
将軍に返してください
とのことです。
了解!
幕府に連絡します。
勾当内侍
広橋兼顕
(武家伝奏)

(イラスト:甲島於々史)

第三章　中世の家と宗教

中世には男系中心の家が確立し、家父長権が強化される一方で、夫婦の関係が重んじられ、夫の死後には妻が家長として家を統率することも見られました。女性は自らの財産やその処分権を持ち、宗教においても主体的に行動していました。

一、家の運営と財産

武家の後家尼《ごけあま》(一)北条政子《ほうじょうまさこ》

中世の家では、夫の死後、再婚せず尼となった妻（後家尼）が、家長として家内で強い権限を持つ現象が見られます。源《みなもとの》頼朝《よりとも》の妻である北条政子は、三代将軍の実朝《さねとも》の死後、次の将軍として迎えられた藤原（九条）頼経《よりつね》が幼少だったため、幕府を代表する立場で政務を執りました。

鎌倉幕府の記録『吾妻鏡《あづまかがみ》』の巻首に置かれた「関東将軍次第」には、「三代将軍合四十箇年」の次には、「平政子…治八年」と書かれていて、北条政子（本姓は平）による治世の期間があったとしています。「尼将軍《あましょうぐん》」の呼称は、単なる比喩ではないことがわかります。

北条政子の治世の時に、後鳥羽上皇が倒幕を企てた「承久の乱」（一二二一年）が起こります。その時、政子は、御家人たちを集め、頼朝の恩を説いて結束させたことが有名ですが、『吾妻鏡』によれば、政子自身は御簾の中にいて、頼朝の近臣だった安達景盛《あだちかげもり》を通して語ったとされています。当時の貴人女性として人前には容易に姿を見せないが、しかし、だからといって政治的に無力だったわけではないことがわかります。

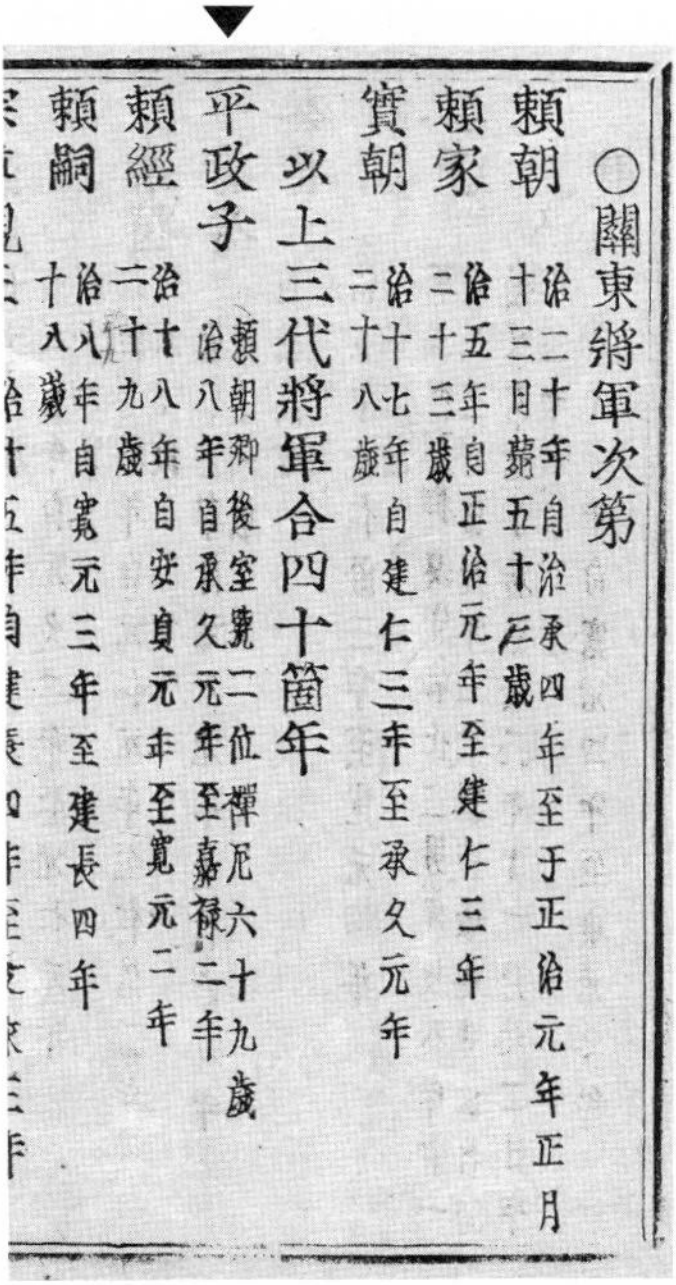

○關東將軍次第
賴朝　治二十年自治承四年至于正治元年正月十三日薨五十三歳
賴家　治五年自正治元年至建仁三年二十三歳
實朝　治十七年自建仁三年至承久元年二十八歳
以上三代將軍合四十箇年
平政子　賴朝卿後室贈二位禪尼六十九歳治八年自承久元年至嘉祿二年
賴經　治十八年自安貞元年至寛元二年二十九歳
賴嗣　治八年自寛元三年至建長四年十八歳

図3-1　『吾妻鏡』巻首の「関東将軍次第」
実朝と頼経の間に「平政子」が置かれている。（江戸時代に刊行された『新刊吾妻鏡』1605〈慶長10〉年。宮内庁書陵部蔵）

武家の後家尼（二）寿桂尼《じゅけいに》

戦国大名今川氏親《いまがわうじちか》の妻、義元《よしもと》の母である寿桂尼（公家中御門宣胤《なかみかどのぶたね》の娘）は、夫の氏親が病に倒れると自ら政務を執り、「氏親」の印を使った文書を発給、その死後は、「帰」という

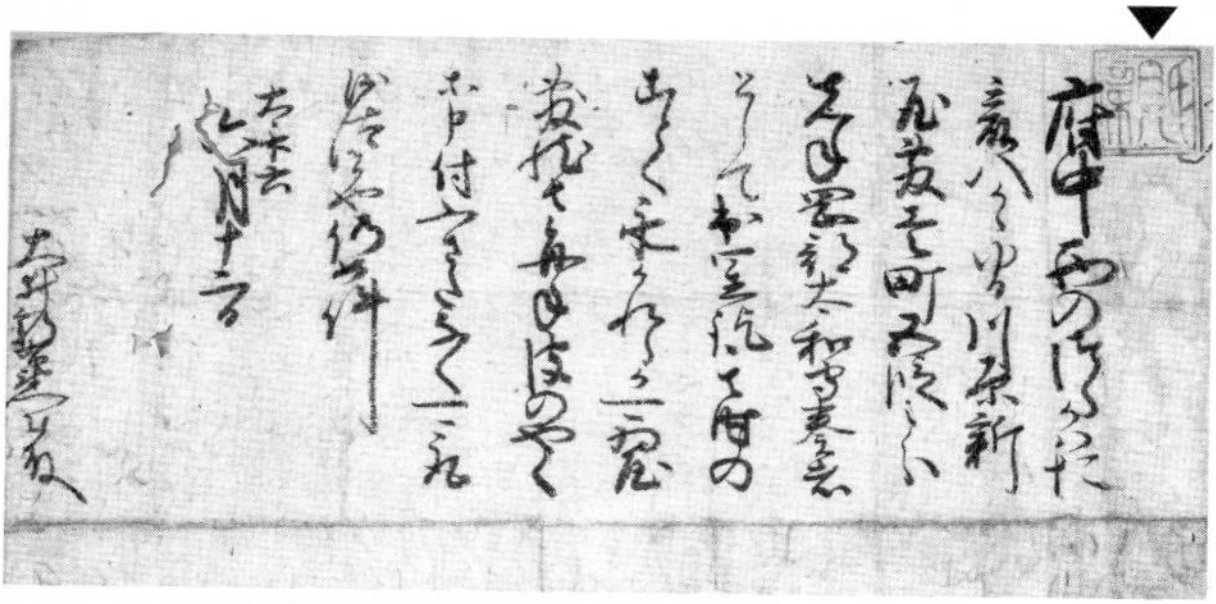

図3-2　「今川氏親朱印状」
（1526〈大永6〉年。静岡市蔵、駿府〈すんぷ〉皮革職人関係文書）

自らの印を用いた朱印状を出しています。「帰」という字には「とつぐ」という意味があるので、そこから選ばれた印文と考えられています。

右が「氏親」の印が文頭にある「今川氏親朱印状」、左が「帰」の印がある「寿桂尼朱印状」です。同じ宛先に出された安《あん》堵状《どじょう》で、後者には「増善寺殿（氏親）御印判《いんばん》に任せて」とありますが、実際はどちらも寿桂尼が発給したと考えられます。仮名交じりの文書になっているのも、女性の文書らしい特徴です。

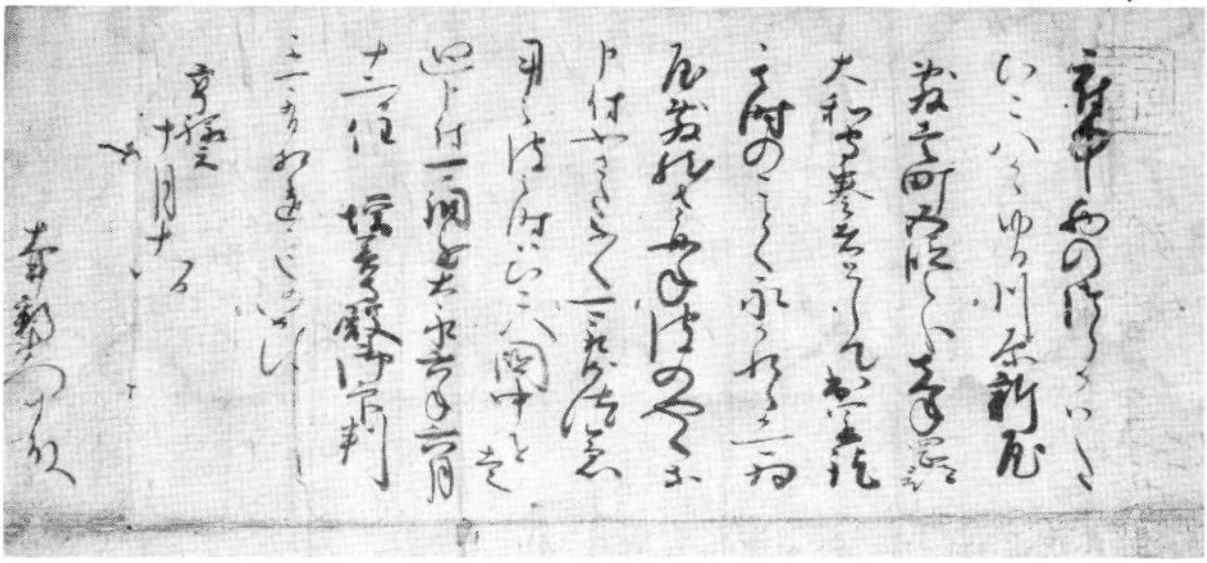

図3-3　「帰」の印がある「寿桂尼朱印状」
（1528〈享禄元〉年。静岡市蔵、駿府皮革職人関係文書）

寿桂尼の印「帰（歸）」
（復原的にトレース）

図3-4　「寿桂尼像」（複製）
夫の没後に出家した「後家尼」としての姿で、今川家の家長として行動した女性の威厳が感じられる。（静岡市蔵、原品：正林寺蔵）

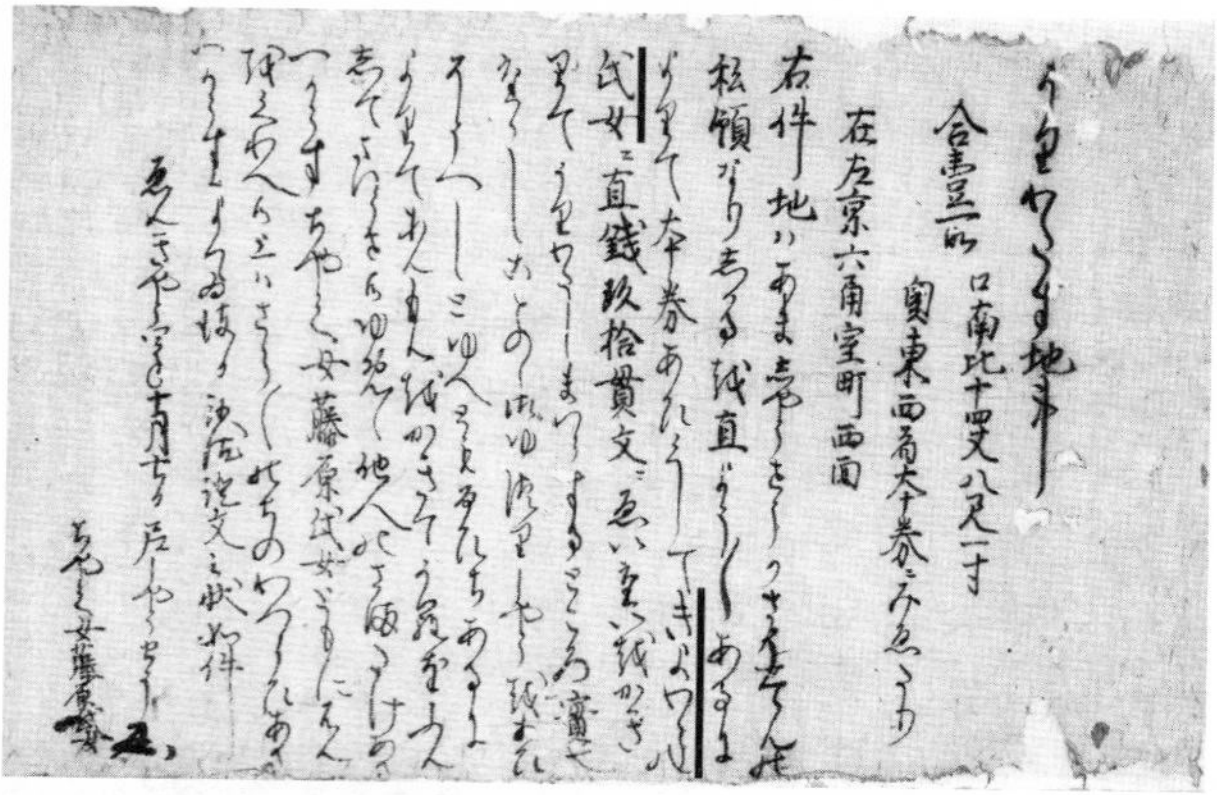

図3-5 「尼しやうせう領地売券」
末尾の差出は、尼しやうせうと嫡女藤原氏女。本文「右」から3〜4行目に買い主の「きよわら（清原）の氏女」が見える。（1311〈延慶4〉年。国立歴史民俗博物館蔵）

財産の売買と女性の名前―土地の譲状《ゆずりじょう》と売券

中世、特に鎌倉時代頃の女性は地位が高く、女性の地頭も珍しくありませんでした。自らの財産を持ち、土地の売買なども自らの名義で行っていました。写真の「尼しやうせう領地売券」は、売主の「尼しやうせう」と連署《れんしょ》の「嫡女藤原氏《ふじわらのうじの》女《にょう》」、そして買い主の「清原氏女《きよわらのうじのにょう》」の三者がいずれも女性。仮名交じりで書かれていて、いかにも女性の文書です。

この文書には、「盛秀《もりひで》田《でん》地《ち》銭《せん》貨《か》処分状《しょぶんじょう》案《あん》」が付属しています。「尼しやうせう」が、まだ「弥童女《いやどうにょ》」と呼ばれていた時、

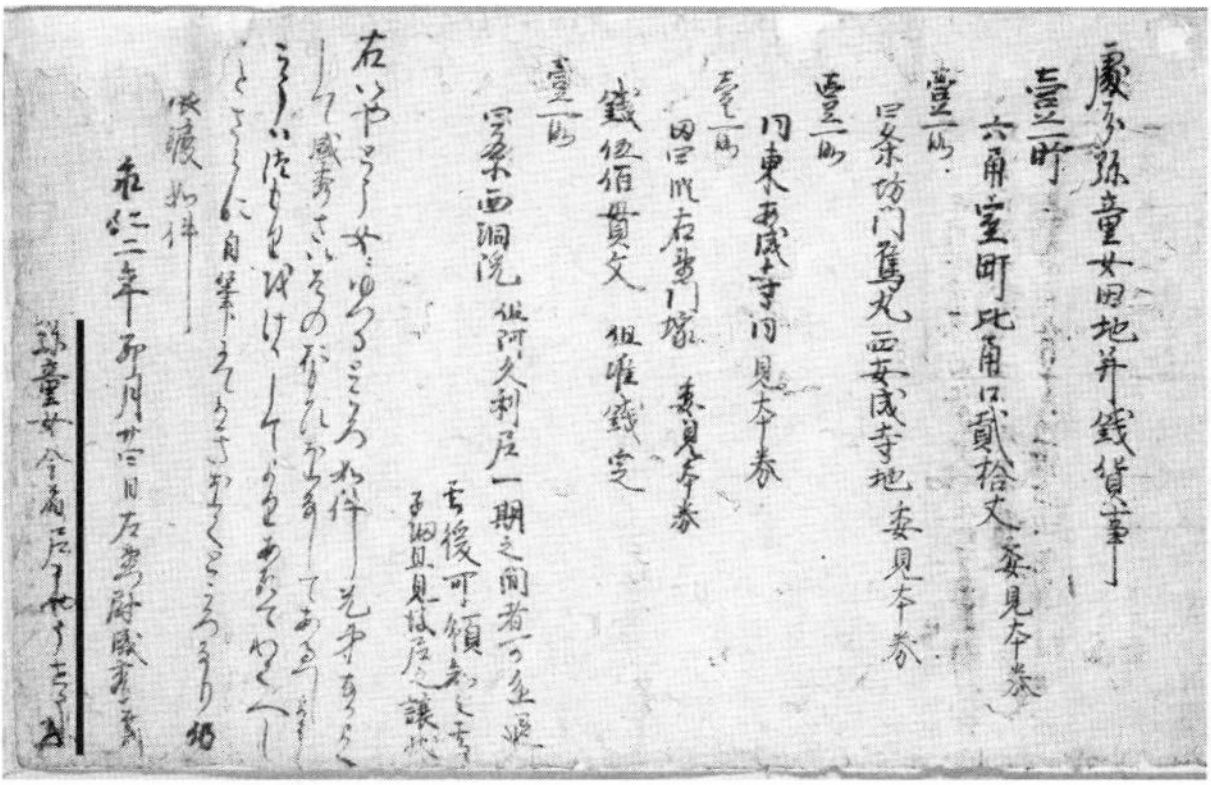

図3-6　「盛秀田地銭貨処分状案」
娘の「弥童女」に京都の土地5カ所と銭500貫文を贈与している。後段の仮名書きが盛秀自身の譲り文言。最後の行に「弥童女、今は尼しやうせう」。(1294〈永仁2〉年。国立歴史民俗博物館蔵)

父の盛秀から与えられた譲状の写しで、末尾の所は、盛秀が平仮名の自筆で書いています。男性も、身内宛のこのような場面では、よく仮名を使います。

「弥童女、今は尼しやうせう」と文書の末尾にありますが、女性は公式の実名《じつみょう》を持たないので、幼名《ようみょう》か法名《ほうみょう》、もしくは「藤原氏女」のように父親の姓を名乗ります。「姓」は男系の考え方なので、父親と子どもは必ず同じ姓ですが、母親は自分の父親の姓を名乗るので別の姓、つまりまさに「夫婦別姓」だったこともわかります。この原理は近世まで続きます。

財産の処分は、一五世紀頃になると女

性単独では難しくなったようで、夫と思われる男性が連署、あるいは男性名だけの文書が大半になります。しかし、後で見るように、一六世紀の風俗画に見られる後家尼は、まだ家長としての地位を保っているように見えます（第四章）。公式な名義と家内での地位は、必ずしも一致しないのかもしれません。

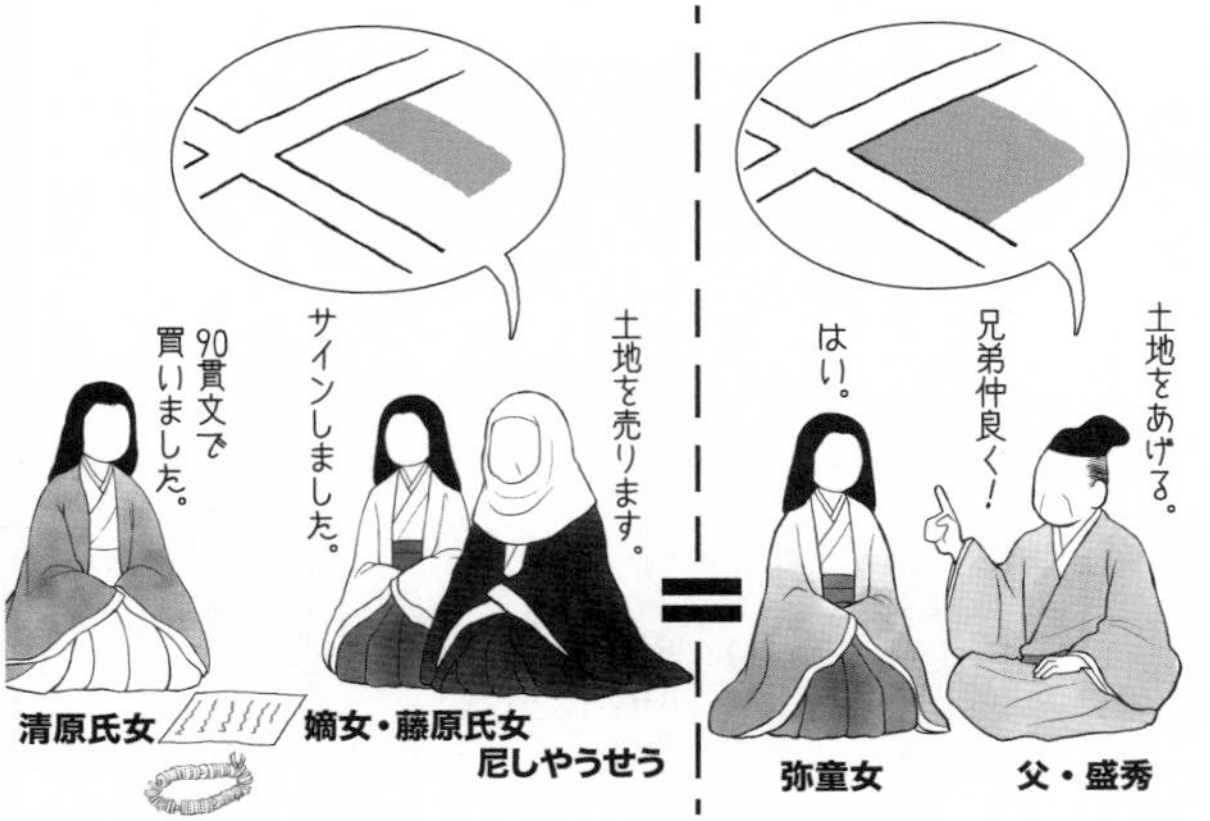

図3-5の売券、1311（延慶4）年。
（イラスト：甲島於々史）

図3-6の処分状、1294（永仁2）年。

コラム　「女」の読み方

図3-5に掲げた土地売券にも見えている「清原氏女」「藤原氏女」などの「氏女」は、実際にはどう読んだのでしょうか？　第一章で見たように、古代の戸籍では女性に「売（め）」を付けていますから、「うじのめ」と読めそうです。しかし、仮名で書かれた鎌倉時代の文書に「うちのねう」と書いてあるものがあって（図3-7）、これによれば、「うじのにょう」と読むべきでしょう。「女房（ねうはう）」の「にょう」です。

なぜそうなるのかと思って辞書を見てみると、『大日本国語辞典』（小学館）によれば、「め」は、「古くは女性一般を意味していたが、平安時代以降、『をんな』と次第に交替し、『め』は待遇度が低下して、女性の蔑称として用いられるようになった」とあります。たしかに、「め」は、「はしため（婢）」「ぞうしめ（雑仕女）」のように使われます。中世には「うじのめ」だと蔑称になるので、そうは読まなかったのではないかと思われます。

「うちのめ」と翻刻されている文書もあるのですが、「め」という平仮名はもとの字が「女」なので、くずし字だと区別が難しく、本当は「うちの女」と書かれているのかもしれません。呼び方には地域差などもありますし、「うじのめ（うちのめ）」という読み方をすべて否定するわけではありませんが、「うちのねう」は読み方が確かな事例なので、ここでは「うじのにょう」と読んでおきたいと思います。

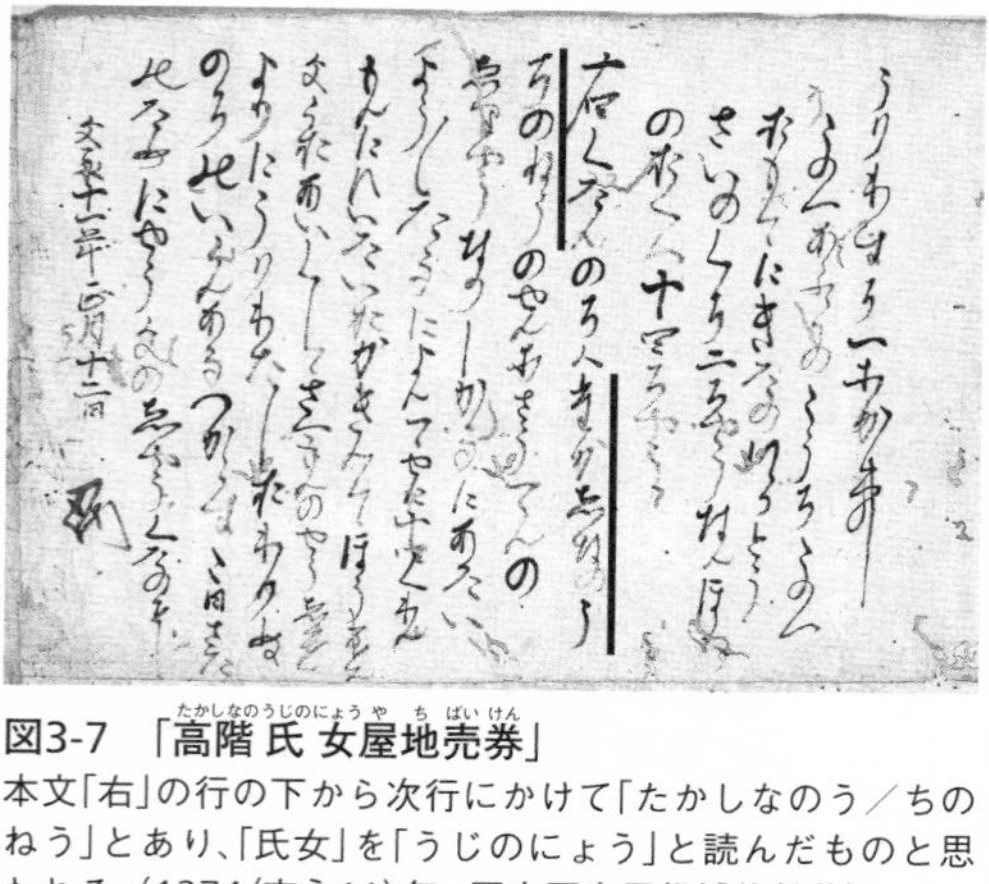

図3-7　「高階《たかしな》氏《のうじの》女《にょう》屋《や》地《ち》売券《ばいけん》」
本文「右」の行の下から次行にかけて「たかしなのう／ちのねう」とあり、「氏女」を「うじのにょう」と読んだものと思われる。（1274〈文永11〉年。国立歴史民俗博物館蔵）

ちなみに、漢字字典によると、「女」の読み方の「ニョ」は呉音《ごおん》（朝鮮半島経由の古い読み方）、「ジョ」は漢音《かんおん》（遣唐使などがもたらした読み方）、「ニョウ」は慣用読み、のようです。これに対して、「め」は女性を表す漢字以前の固有語で、「お」（男）に対する言葉、ということになります。

二、宗教と女性

ジェンダー差の無い供養―地蔵菩薩の像内資料

この地蔵菩薩像は、一三三四（建武元）年に、奈良興福寺の子院「逆修坊《ぎゃくしゅぼう》」で行う法会《ほうえ》のために作られたものです。像の胎内には、結縁《けちえん》のためのおびただしい遺物が納められており、名前のリストや、地蔵菩薩を

図3-8　地蔵菩薩立像
（14世紀。国立歴史民俗博物館蔵。重要文化財）

図3-9　地蔵菩薩立像の像内資料の印仏（一部）
印仏に記された名前には顕著な男女差は見られない。なお、「クワコ」とあるのは「過去」＝故人の意で、「過去帳」はここから来ている。（14世紀。国立歴史民俗博物館蔵）

スタンプした印仏に書かれた名前などから、ジェンダーについても分析することができます。結論としては、名前の数や並び順、供養の文言などに大きな男女差は無く、また納められた髪や爪も女性のものとは特定できず、顕著なジェンダー差は認めることができませんでした。

平安末期から、仏教の「五障三従《ごしょうさんじゅう》」と言われる女性罪業《ざいごう》観が貴族社会に広がり、女性の追善供養の願文には、それを反映した文言が入れられたのですが、一四世紀の奈良で地蔵菩薩に結縁した庶民層や地域社会は、まだそれに染まっていなかったと考えられます。

中世女性の多様な生き方―「星光寺縁起絵巻《せいこうじえんぎえまき》」

中世における女性の生き方は多様で、北条政子や寿

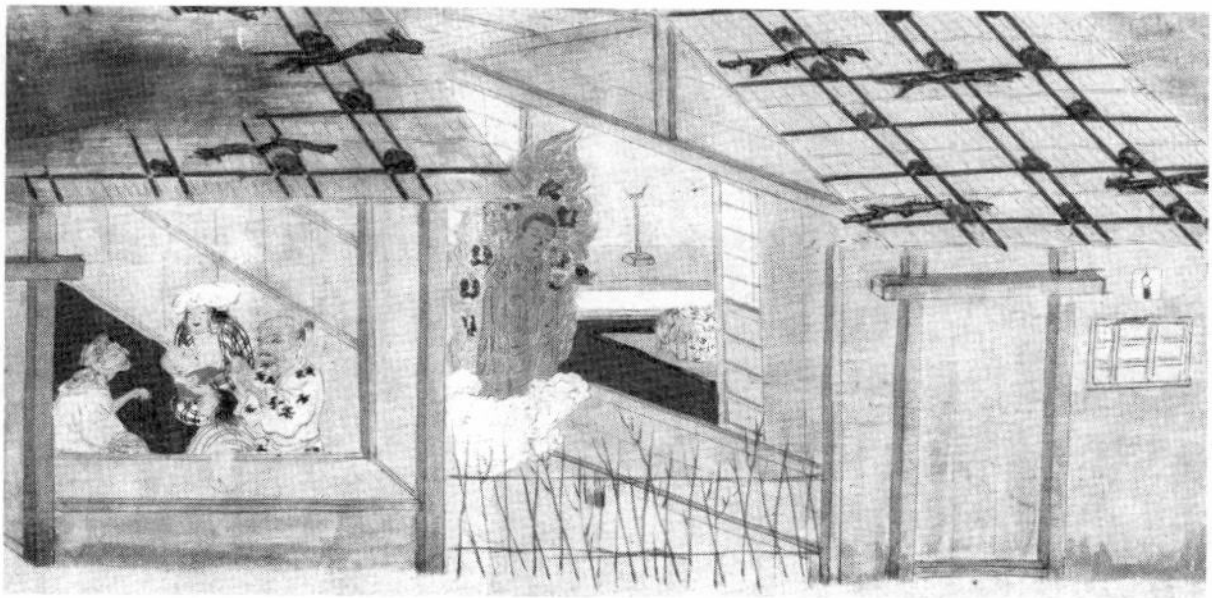

図3-10　「星光寺縁起絵巻」上巻七段
右の家の窓の上には筆のしるしがあり、ここに住む独居の尼に地蔵が訪れる。目覚めた尼は、隣家の人々に地蔵の示現（じげん）を語り伝えた。（15世紀。東京国立博物館蔵、出典：ColBase。重要文化財）

桂尼のような、夫に代わって家を統率する女性ばかりではなく、自ら家を営んだり、単身で生活したり、あるいは財産を寄進して、家を自らの代で閉じてしまったりする自由も持っていました。

たとえば、室町時代、一五世紀末頃に描かれた「星光寺縁起絵巻」の上巻には、独居の筆売りの尼が登場します。京都市中の六角大宮《ろっかくおおみや》に位置する星光寺は、身分を問わず多くの参詣者を集めていました。その本尊の地蔵を篤く信仰した尼のもとには、大風で壊れた屋根を葺く小法師が現れます。そして、最期《さいご》には、地蔵の来迎《らいごう》に与《あずか》りました。

同じ絵巻の下巻にも、地蔵の霊験《れいげん》に与って訴訟問題を解決した尼が、出雲《いずも》に帰郷せず、都で豊かな暮らしを営むさまが描かれています。

中世の幅広い階層の女性たちが、寺の縁起・霊験絵巻の主人公として登場するのは、女性の信者を多くの宗派、寺院が取り込もうとしていたからだと考えられます。

第四章　仕事とくらしのジェンダー
―中世から近世へ―

本章では、働き方や暮らし方をめぐるジェンダーの問題を取り上げます。中世においては、女性は商工業の分野でも公認された権限を持ち、商人や職人として働く姿が、屏風絵の中にも描かれています。しかし、近世になると社会全体が男性中心となり、絵画資料でも、男性の職人のみが描かれ、女性は一人前の職人とみなされなくなっていきました。

一、中世の仕事とくらし

室町時代末期に描かれた三つの風俗図屏風「月次風俗図屏風《つきなみふうぞくずびょうぶ》」「洛中洛外図屏風《らくちゅうらくがいずびょうぶ》（歴博甲本）」「東山名所図屏風《ひがしやまめいしょずびょうぶ》」から、女性の暮らしと労働について考えます。

絵画史料がどこまで実態を反映しているかの判断は難しいですが、当時の文献史料と照らし合わせるとともに、絵画史料に込められたイメージやまなざしの問題にも注意しながら、「男の仕事」「女の仕事」について考えてみたいと思います。

男女別の花見、田植え、呉服屋、そして後家尼――「月次風俗図屏風」

「月次風俗図屏風」は、現在の広島県北部にいた武士、吉川《きっかわ》家に伝えられた屏風で、一六世紀後期頃に作られ、女性や子どもを祝福する立場で描かれた絵と考えられます。

〈花見〉

花見の場面では、女性と男性が別々のグループで宴会を行っています。「観楓図屏風《かんぷうずびょうぶ》」

（東京国立博物館蔵）などの、他の一六世紀頃の風俗画でも、やはり男女は別々の集団で野外の遊興を行っていて、両者が交じるのは近世のことのようです。中世において、女性の家族が独自に行動していた様子がうかがえます。

図4-1　女の花見（上）と男の花見（下）
（「月次風俗図屏風」第2扇。東京国立博物館蔵、出典：ColBase。重要文化財）

図4-2　着飾った女性が苗を植え、男性が囃す田植えの場面
（「月次風俗図屛風」第4扇。東京国立博物館蔵、出典：ColBase。重要文化財）

〈田植えと早乙女《さおとめ》〉

「月次風俗図屛風」の第三扇・第四扇には田植えの場面が描かれており、華やかな早乙女の姿からは、この時代には田植えが女性の仕事としてイメージされていたことがうかがえます。第一章で触れた『栄花物語《えいがものがたり》』に描かれたような、着飾った女性と囃《はや》す男性、という姿です。

この屛風は、広島県北部の武士であった吉川氏に伝えられたもので、現在も中国地方で行われている「花田植え」などと呼ばれる祭礼的な田植えとの共通性があると思われます。

〈呉服屋〉

呉服屋の場面では、女性たちが品定めに余念がありません。着物や反物《たんもの》を広げて見せているのは店の側の人物でしょう。男女がともに店で働いているように描かれていることは、江戸時代の「近世職人尽絵詞《きんせいしょくにんづくしえことば》」に描かれたような、男性だけが働く店の描写とは大きな違いがあります。

図4-3　女性が働く呉服屋の店先
（「月次風俗図屏風」第5扇。東京国立博物館蔵、出典：ColBase。重要文化財）

〈春日若宮の祭礼を見る後家尼と家族〉

「月次風俗図屏風」第八扇の上部、春日若宮の祭りを見る一行は家族と思われ、その先頭には尼姿の女性が二人、孫と思われる子どもとともに描かれていて、一家を率いる立場の後家尼と思われます。「後家尼」は、先に見た北条政子や寿桂尼のように、夫の死後、再

図4-4　孫や女性家族とともに祭りを見る後家尼
（「月次風俗図屏風」第8扇。東京国立博物館蔵、出典：ColBase。重要文化財）

婚せずに剃髪して家に留まった女性で、中世においては、夫の家父長権を引き継ぎ、家長として大きな権限を持っていました。

　後家尼の姿は、この屏風の中でも、先に見た呉服屋や、あるいは第五扇の賀茂競馬の場面でも登場します。若い世代の家族を引き連れて外出する後家尼は、女性の後半生の、一つの理想像だったのかもしれません。

遊女、巫女、魚屋、風流《ふりゅう》踊《おどり》の早乙女仮装—「洛中洛外図屏風（歴博甲本）」

京都の名所や暮らしを描いた「洛中洛外図屏風」のうち、現存最古の「歴博甲本」（一六世紀前期）には一四二六人の人物が描かれていますが、うち一二三八人が女性で、さまざまな生業に従事する姿を見ることができます。

〈遊女〉

「洛中洛外図屏風（歴博甲本）」には、右隻第一扇と左隻第三扇の二カ所に遊女屋が描かれています。遊女たちはいずれも客と話したり客の袖を引いたりしていますが、彼女たちは客といったい何を話しているのでしょうか。

室町時代の千秋万歳歌《せんずまんざいか》（「蓮如上人子守歌《れんにょしょうにんこもりうた》」）は、「京に売るもの」の一つに遊女を挙げ、客とのやり取りを描きます。それによれば、遊女が男性の袖を引いて「お泊りなさい」と声をかけると、男性は遊女の顔と年齢をチェックし、値段の事前交渉に入ります。絵に描かれるのはこうした場面なのでしょう。

遊女の芸能が重視されていた一三世紀頃までは、芸能を見た上で事後に報酬を払うのが一般的でした。しかしその後買売春《ばいばいしゅん》が中心になると容姿のみによって遊女を評価するようになり、事前の価格交渉が一般化します。客が気に入らなければ交渉が成立しないので、

図4-5　遊女屋の前で客の袖を引き話をする遊女
（「洛中洛外図屏風（歴博甲本）」上：左隻第3扇、下：右隻第1扇。国立歴史民俗博物館蔵。重要文化財）

客側が遊女を選ぶという意識が強まりました。

一六世紀の『玉塵抄《ぎょくじんしょう》』には、遊女の化粧は商売人が商品の埃《ほこり》を払って高く売ろうとするのと同じで、人を化かす行為だという記述があります。遊女の化粧を商品の比喩で語るのは、千秋万歳歌が遊女を売り物の一つとする意識と通底します。遊女たちは、客から選ばれる「商品」としての性格を強めていきます。

〈祇園社の巫女《みこ》〉

巫女といえば女性をイメージする方が多いでしょう。しかし京都の祇園社（現在の八坂神社）で神楽を舞った「片羽屋神子《かたはやみこ》」には男性も女性もいました。一六世紀後半頃から女性神子が減少し男性中心になりますが、その頃描かれた「東山名所図屏風」には男女の神子が描かれています（図4-6）。

一方、一六世紀前期に描かれた「洛中洛外図屏風（歴博甲本）」では、女性のみが描かれています（図4-7）。片羽屋神子がもともと女性優位の集団だったことと関係するのかもしれません。

図4-6　祇園社の「片羽屋」にいる女性と男性の神子
（「東山名所図屏風」第5扇。国立歴史民俗博物館蔵）

図4-7　祇園社の「片羽屋」にいる女性の神子
（「洛中洛外図屏風（歴博甲本）」右隻第3扇。国立歴史民俗博物館蔵。重要文化財）
〈魚屋〉

女性が店で魚を売るこの光景は、京都の今町《いままち》（現上京区《かみぎょうく》）で魚商売を営んでいた「今町供御人《くごにん》」を描いたものです。朝廷の御厨子所《みずしどころ》に属して特権を認められていた女性を主とする集団で、特権は女性から女性へ受け継がれていたようです。

しかし、一五七八年の文書では、今町の魚商人はすべて男性名になっていて、名義は男性にする、という傾向が進んだことがうかがえます。このように、中世の段階では女性が公的にも権限を持っていたものが、女性は代表権を失って男性名義になる、という現象が、色々な所で見られます。

図4-8　女性が店を営む京都・今町の魚屋
(「洛中洛外図屛風(歴博甲本)」左隻第4扇。国立歴史民俗博物館蔵。重要文化財)

〈早乙女のイメージ〉

田植えは、中世では女性によって行われることが多かったようで、先に見た「月次風俗図屛風」では、男性が囃し、美しい服を着た早乙女が苗を植えていました。

「洛中洛外図屛風（歴博甲本）」にも早乙女が田植えをする光景が描かれていますが、よく見ると、田植えの所作をしているのは髭《ひげ》を生やした男性、手に持っているのは苗ではなく楽器の「ささら」です。これは風流踊《ふりゅうおどり》の仮装で、早乙女のイメージがすでに定着していることがわかります。

図4-9　早乙女に扮《ふん》した男性が田植えの所作をする風流踊

(「洛中洛外図屏風(歴博甲本)」左隻第6扇。国立歴史民俗博物館蔵。重要文化財)

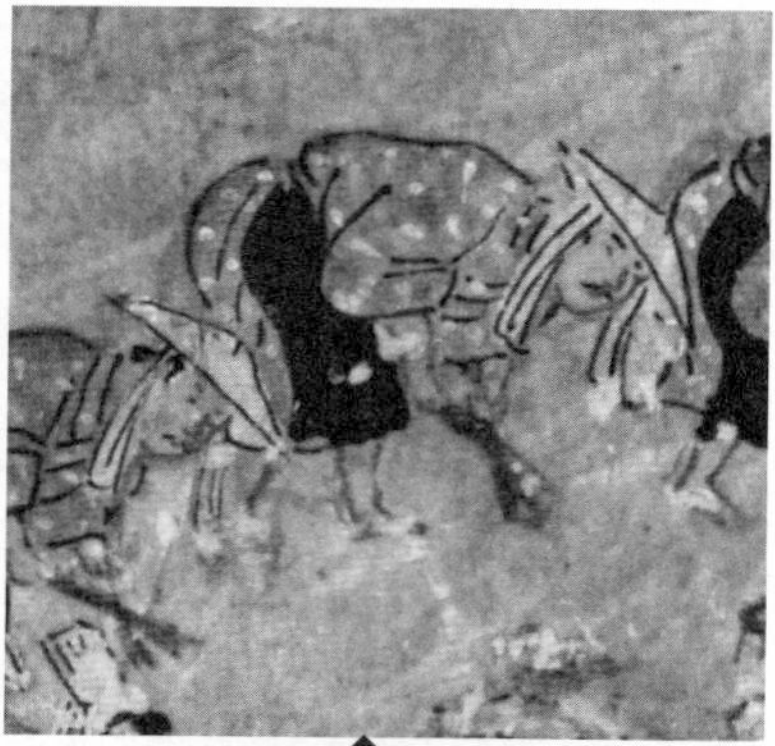

後家尼、イズメ、扇屋―「東山名所図屛風」

一六世紀後期頃に描かれた「東山名所図屛風」は、清水寺を中心にした参詣曼荼羅《さんけいまんだら》的な性格の強い絵画ですが、京都の町の風俗も描いています。

〈清水《きよみず》の舞台に立つ後家尼と家族〉

図4-10の女性たちは「東山名所図屛風」の登場人物で、「清水の舞台」の真ん中に描かれています。四頭身の愛らしい姿が人気で、展示の際には、ポスターやチラシにもあしらわれました。

団扇を持った幼児の隣には、この子を慈愛のまなざしで見つめる尼姿の女性がいますが、

図4-10　清水の舞台に立つ後家尼と家族
（「東山名所図屛風」第2扇。国立歴史民俗博物館蔵）

彼女は後家尼と思われます。

「東山名所図屏風」の他にも、先述の「月次風俗図屏風」や、「洛中洛外図屏風（歴博甲本）」などの風俗図屏風には、家族の女性たちとともに、あるいは一家全体を率いて外出している後家尼の姿がよく描かれています。

左端の女性は、手に銭を持っていて、巡礼者に喜捨している所です。一行の後ろには、護衛の男性が二人控えており、裕福で有力な一家の女性たちであることがわかります。

〈イズメ―母親の労働と育児〉

中世の人々は労働と育児をどのように両立させたのでしょうか。「東山名所図屏風」には、青屋《あおや》（染色業）の女性が子どもをイズメという籠に入れ、動かないようにして保全している様子が見え

図4-11　青屋の家の前でイズメに入れられた子ども（「東山名所図屏風」第6扇。国立歴史民俗博物館蔵）

ます。近くには裸の幼児も描かれており、仕事場で育てていたようです。

イズメが絵画資料に見られるようになるのは、このような一六世紀の屏風絵からで、「洛中洛外図屏風（歴博甲本）」にも描かれており、少年少女が子守りをする姿も描かれるようになります。母親や女性の労働環境や育児のあり方を考える上でも興味深い画像です。

図4-12　女性が営む扇屋
（「東山名所図屏風」第6扇。国立歴史民俗博物館蔵）

〈扇屋〉

室町・戦国時代には扇が大量生産されて庶民に広く使われ、日明貿易の主要な輸出品にもなりました。これまでの研究では、扇商人には絵師を中心としてオーダーメイドの扇などを作る制作主体の座と、地紙と骨を仕入れて組み立て販売する扇売りの座の二種類があったことがわかっています。

扇面絵の制作を主体とする座のトップには、著名な絵師である狩野元信《かのうもとのぶ》が就いていました。「洛中洛外図屏風（歴博甲本）」は狩野元信の工房で作られたとする説が有力で、左隻第五扇下には元信らしき絵師が見えますが、彼は扇を描く姿に描かれているのです。

一方、扇売りの「本座」は男女混合の座で、最有力者は布袋屋《ほていや》の玄了尼《げんりょうに》という女性でした。彼女の持つ権利は養女の「鹿子女房《かのこにょうぼう》」に譲られました。中世の女性は経営者として公的に認められていたことがわかります。図4-12は、「東山名所図屏風」に見える扇屋の女性です。

近世の風俗画の中の扇屋

一七世紀の「職人尽絵《しょくにんづくしえ》」（図4-13）や一七～一八世紀の「職人風俗絵巻」（ともに国立歴史民俗博物館蔵）は、扇屋を折り手の女性を中心に描いています。近世には次第に女性が一人前の職人と見なされなくなっていく中で、女性を中心にして描くのは、中世から扇屋が女性の職業と見られていたことの影響かと思われます。

近世になっても扇の折り手は女性の仕事でしたが、彼女たちは次第に美しく描かれ、性的なまなざしでも見られるようになりました。

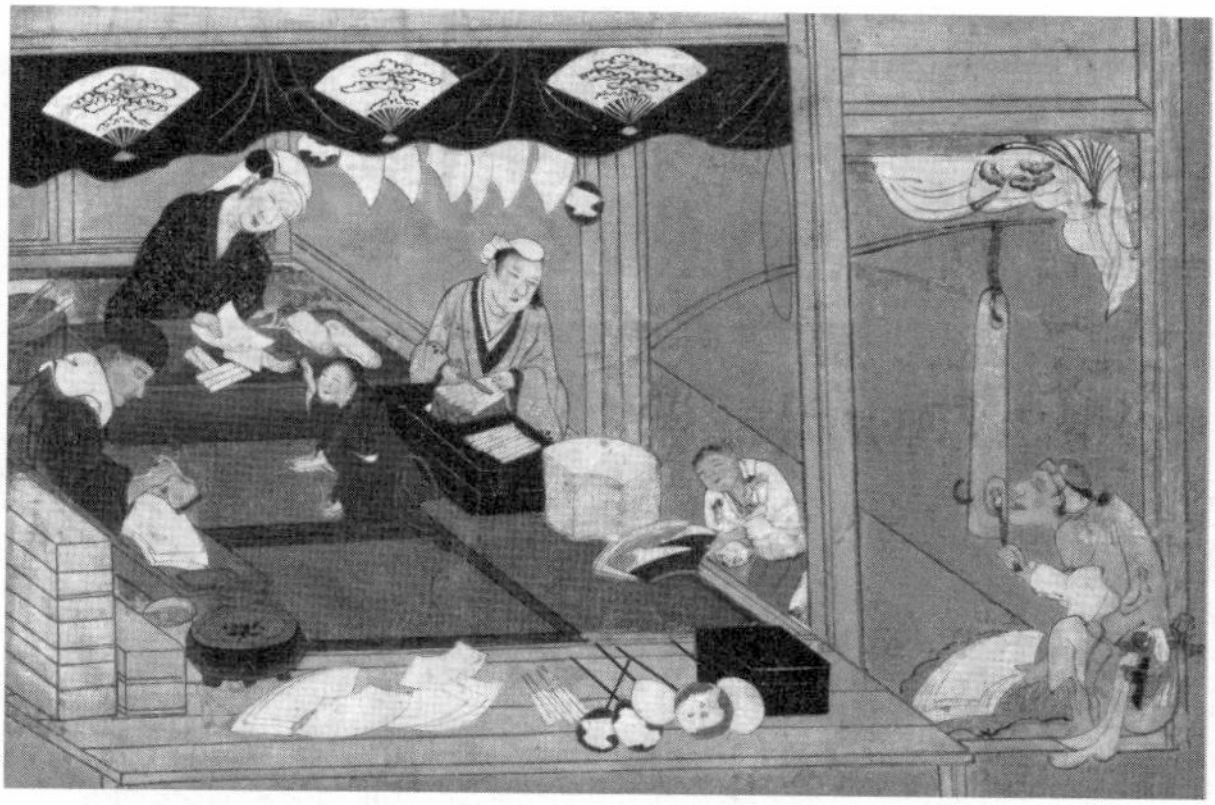

図4-13　扇の制作。紙を折る女性を中心に描いている
（「職人尽絵」17世紀。国立歴史民俗博物館蔵）

二、職業へのまなざし

一昔前の日本では、酒造りは、男性の仕事と相場が決まっていました。「酒蔵に女が入ると髪油の臭いが移る」、ときには「酒が腐る」とまで言われました。しかし、古代以来、酒造りは女性の仕事として行われてきました。それが男性の仕事となったのは、近世以降のことです。なぜこのような変化が起きたのでしょうか。

（1）職人と女職人

辞書をひくと、職という漢字の起源は、「耳にしるしをつける」こととあります。

職人という言葉の指すものは時代によって異なりますが、近世には、職人は、〝聞いたことをよく覚えている人、専門の仕事をよく覚え知っている人〟、中でも、技術を身につけものを作る職業に携わる人々の総称となりました。

中世の職人の絵として知られる何種類もの「職人歌合」には男性も女性も描かれていましたが、近世になると職人を描く絵画は、男性中心に変化します。

「近世職人尽絵詞《きんせいしょくにんづくしえことば》」と『花容女職人鑑《はながたちおんなしょくにんかがみ》』

幕府老中も務めた松平定信《まつだいらさだのぶ》の命で鍬形蕙斎《くわがたけいさい》が描いた「近世職人尽絵詞」は、文化年間（一九世紀初め頃）の江戸の繁栄を、一〇〇種類以上の職人の姿を通して生き生きと描く傑作ですが、描かれているのは、遊女や矢場女《やばおんな》など売春と関連する仕事の女性以外は、ほとんどすべて

図4-14　男性の砧打《きぬたうち》
「近世職人尽絵詞」
（東京国立博物館蔵、出典：ColBase）

男性の職人です。一方、その少し後の文政年間、『花容女職人鑑』という、女性の職人の図に狂歌を添えた版本が人気を博し、版を重ねました。これは、四〇種類ほどの仕事に携わる女性を描いたものです。

このように職人を描く時には、売春に関連する仕事以外すべて男性で、女性は「女職人」として描くという意識は、近世になって生まれたものでした。職人は本来男性だという通念が定着し、そのもとで、女性については、職人の語にジェンダー記号としての「女」を付すようになったのです。女流棋士、女流作家、女芸人……など、近年、批判的に取り上げられる発想の始まりだといえるでしょう。

図4-14・15は、「砧打《きぬたうち》」という木槌《きづち》で叩いて布を柔らかくする仕事を描いた部分です。『花容女職人鑑』に描かれているように、砧打は、一般に女性が携わる仕事でしたが、「近世職人尽絵詞」では男性の職業として描かれます。

図4-15　女性の砧打『花容女職人鑑』
(文政年間。国文学研究資料館蔵)

近世の大百科事典として知られる『倭漢三才図会《わかんさんさいずえ》』でも、砧という道具は「女工具」と分類されていますが、職人を描く場合には、砧打も男性職人の仕事として描かれることになるのです。また、実際には、江戸では女性の手習い師匠（子どもに読み書きそろばんを教える先生）も増えていましたが、そうした存在が「近世職人尽絵詞」で取り上げられることはありません。

図4-16　子どもに教本を読ませる女性の手習い師匠を描く「文学万代之宝《ぶんがくばんだいのたから》」
（1846〈弘化3〉年頃。横浜国立大学附属図書館蔵）

図4-17　「近世職人尽絵詞」
男性の師匠が「両親に言いつけるぞ」と悪戯っ子を叱っている。（東京国立博物館蔵、出典：ColBase）

「扇屋」から「地紙折《じがみおり》」「女絵師」へ

なぜ、近世にはこのような変化が起こったのでしょうか。日本の近世は、同じ職業につく者がそれぞれ身分集団を形成し、集団ごとに公的・政治的役割を担う社会でした。それぞれの職業は、男性家長を中心とする「家」を経営の単位として行われ、身分集団は家長男性の集合体として成り立っていたのです。女性が家長としてその「家」を代表することは認められず、ほとんどの場合、女性が「家長」となることは排除されました。その結果、その職業を担う職人は男性に決まっているという通念が生まれたと考えられます。

多くの場合、女性が公的に手工業や商業を営む家の経営者となることは認められず、現実にも、女性の職業は、「賃仕事《ちんしごと》」と呼ばれる、細分化された、内職的なものになっていきました。絵画にもそれが反映されるようになったのです。

たとえば、中世の「扇屋」には扇の制作・販売を取り仕切る女性が見られますが、一九世紀の『花容女職人鑑』では、仕事全体を統括する女性はおらず、都市の女性の代表的な内職である、扇の紙を折る「地紙折」や、それに絵を描き込む「女絵師」などが、部分的な賃仕事として描かれています（図4－18）。

「女職人」へのまなざし

一方、時代が下るにつれて、「女職人」へのまなざしにも、変化があらわれます。『花容女職人鑑』は、四五種の女性の職業をシーンごとにまとめて描き、その側に狂歌を添えるものでした（図4-18左頁）。しかし、好評で版を重ねるうちに狂歌が次第に削除され、最後には、それらは巻末にまとめられ、「花容」として女性を眺める絵本に変わっていったのです（右頁）。華やかな女性の姿をグラビア集のように眺め鑑賞するというまなざしが、次第に強くなったことがうかがえます。描かれた職業に、遊女や芸者など、売春に関連するものが多いことも、〝男性が好奇のまなざしで女性を見る〟という本の性格を強めたのかもしれません。

賃仕事・行商で家を支える女性
―『官刻孝義録《かんこくこうぎろく》』

「近世職人尽絵詞」を描かせた松平定信は、寛政の改革で忠孝や貞節などの道徳を奨励しました。幕府はそうした事例を『官刻孝義録』という大部の書物に記録し出版します。この本を見ると、登場する男性には、大工、青物屋、百姓などの職業が書かれていますが、女性の肩書は、ほとんどが「誰々の後家（女房）」「誰々の妹」などで職業は記されません。そして、女性の表彰理由をみると、それらの女性たちの生活と生業が、職業名の付けにくい、不安定な賃仕事や行商であったことがわかります。

図4-18　『花容女職人鑑』
（文政年間。左：国立国会図書館蔵。右：国文学研究資料館蔵）

図4-19には、その中の一人、江戸小石川伝通院《でんづういん》前の白壁町《しらかべちょう》の大工孫七の妻そめが、梅毒で働けなくなった夫をまめやかに看病し、仏前に供える樒《しきみ》や抹香《まっこう》を売り歩いたり、毎

晩米粒で糊をすっておいて洗い張りする家に売ったりして、姑や養女まで大切に育み、孝養を尽くした貞女として褒賞を受けたことが書かれています。都市の女性が行商や賃仕事を掛け持ちでこなし働く姿が伝わってきます。

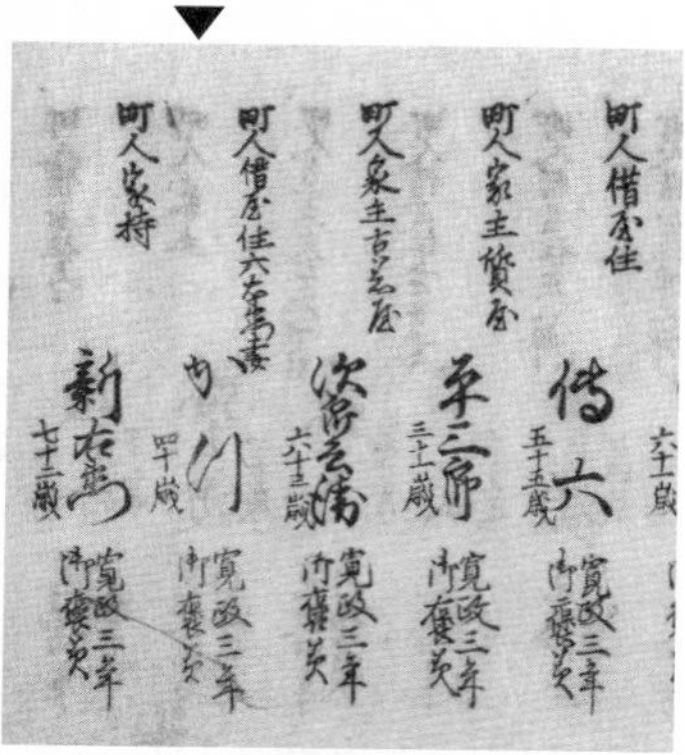

図4-19 『官刻孝義録』武蔵国 上（部分）
上：女性（「かつ」）は、「町人借屋住 六右衛門妻」と男性に付属する存在とされている。
下：貞女そめの事績を記した部分。（1801〈享和元〉年。個人蔵）

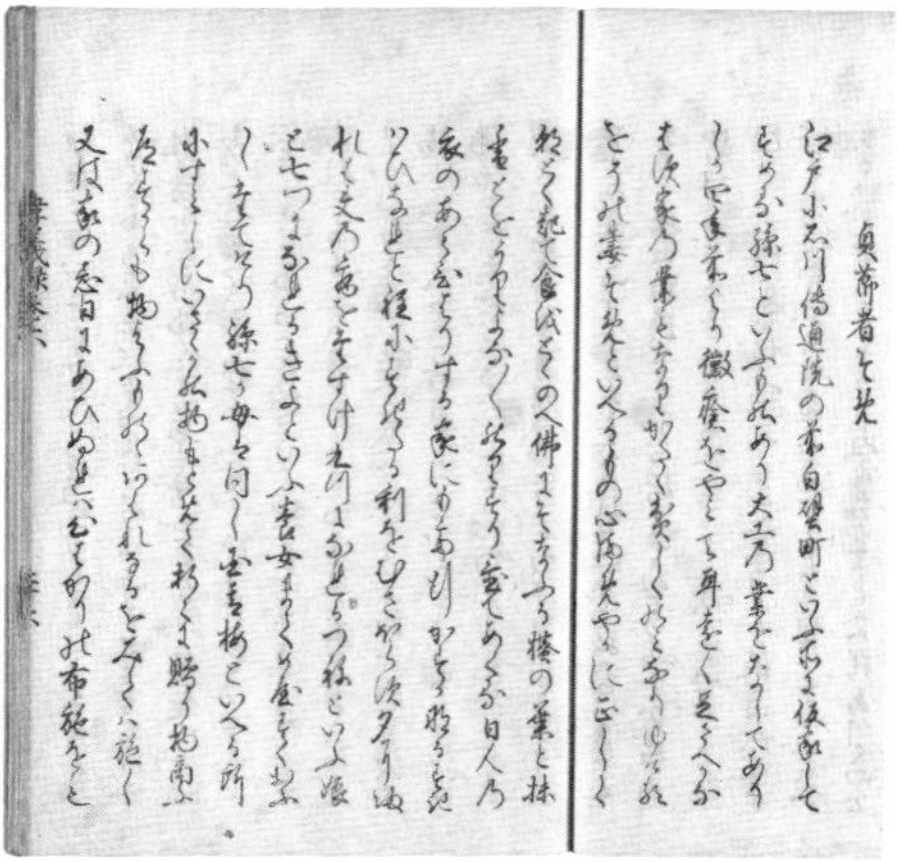

（２）職業へのまなざし―女髪結《かみゆい》と髪結

「非合法」だった江戸の女髪結

図４‐20は、近世から明治の初めにかけての「髪結」（男性）と「女髪結」をモデルにした写真です。江戸では、男性の髪結は、髪結仲間という集団を作って、幕府へのさまざま

図4-20　髪結と女髪結
1863年にイギリスの写真家F・ベアトがモデルを撮影したもの。男性の「廻り髪結」の営業範囲は厳密に定められ、髪結仲間がその権利を保障し合った。一方の女髪結と顧客の間は、非合法のまま、個人的な関係で維持されていた。（1863〈文久3〉年。長崎大学附属図書館蔵）

な役を負う代わりに、営業の独占を認められていました。一方、女髪結という職業は一八世紀の半ば過ぎに生まれましたが、幕府は「女は自分の髪は自分で結うのがたしなみである」として、女髪結という職業を認めませんでした。

女髪結は非合法の仕事とされ、風紀の取り締まりが厳しい時期には、女髪結自身はもちろん、結ってもらった客や女髪結の親も、しつけが悪いといって、手鎖《てぐさり》や罰金、牢舎《ろうしゃ》などの処罰を受けました。

文明開化の波と女髪結

明治維新ののち、文明開化の波が女性たちにも押し寄せてきました。「大日本婦人束髪《そくはつ》図解《ずかい》」（一八八五年）は、文明開化にふさわしいとされた洋風の束髪を推奨する錦絵です。上層の女性たちに文明開化にふさわしい服装や髪型をさせようという動きが生まれ、マーガレットなどと呼ばれる束

図4-21　「大日本婦人束髪図解」
（1885〈明治18〉年。国立歴史民俗博物館蔵）

髪の結い方が紹介されています。しかし、上流階層の女性の髪を束髪に結う髪結自身は、束髪ではありません。女の髪結たちは、どのように明治維新を迎えたのでしょうか。

江戸時代以来、女髪結は、非合法でありながら女性の職業としては大変収入の多い仕事でした。一八七六（明治九）年の『読売新聞』には、八丁堀と築地に住むおばあさんが、男女同権について議論した投書が紹介されています。八丁堀の隠居のおばあさんが「少しばかり横文字を読んで袴《はかま》でもはき、お歯黒でもやめれば女の開化は十分だ位に思っている女衆が多いが、まず男女同権《なんにょどうけん》になるにはどうしたらよいか、考えてごらんなさい。男に負けずに芸をおぼえて、亭主が百円稼げば女房も百円稼げるようにする、亭主が保証人になれば、女房も保証人になる。そうなれば、自然と男女の権が同じようになるでしょう」と投書。同感した築地のおばあさんが隣の女髪結さんにその話をしたところ、「そんなことは屁でもないよ。私は女髪結をしていますから、ただでさえうちの宿六（亭主）より余計に稼ぎますよ」と言ったというのです。新聞記者の創作かもしれませんが、女髪結の自信を物語る記事であり、下層の人々が文明開化をどう受けとめたかがわかります。

「女髪結・吉田しげの自宅営業廃業願い」

図4−22は、一八八〇（明治一三）年の東京府の租税課が作成した分厚い簿冊にはさまれた、東京神田区の女髪結吉田しげの、東京府宛の願書です。明治維新後、女髪結は非合法ではなくなりましたが、政府は女髪結にも課税しようとします。これに対して、吉田しげは、「私は病気ですから、家での仕事はせず、外回りだけやります」と届け出ました。病気であれば家の中で仕事をし、外回りを止めるのがふつうです。しかし、しげは、病気だと申し出ることによって、営業場所ごとに課せられる税を逃れようとしたのです。女髪

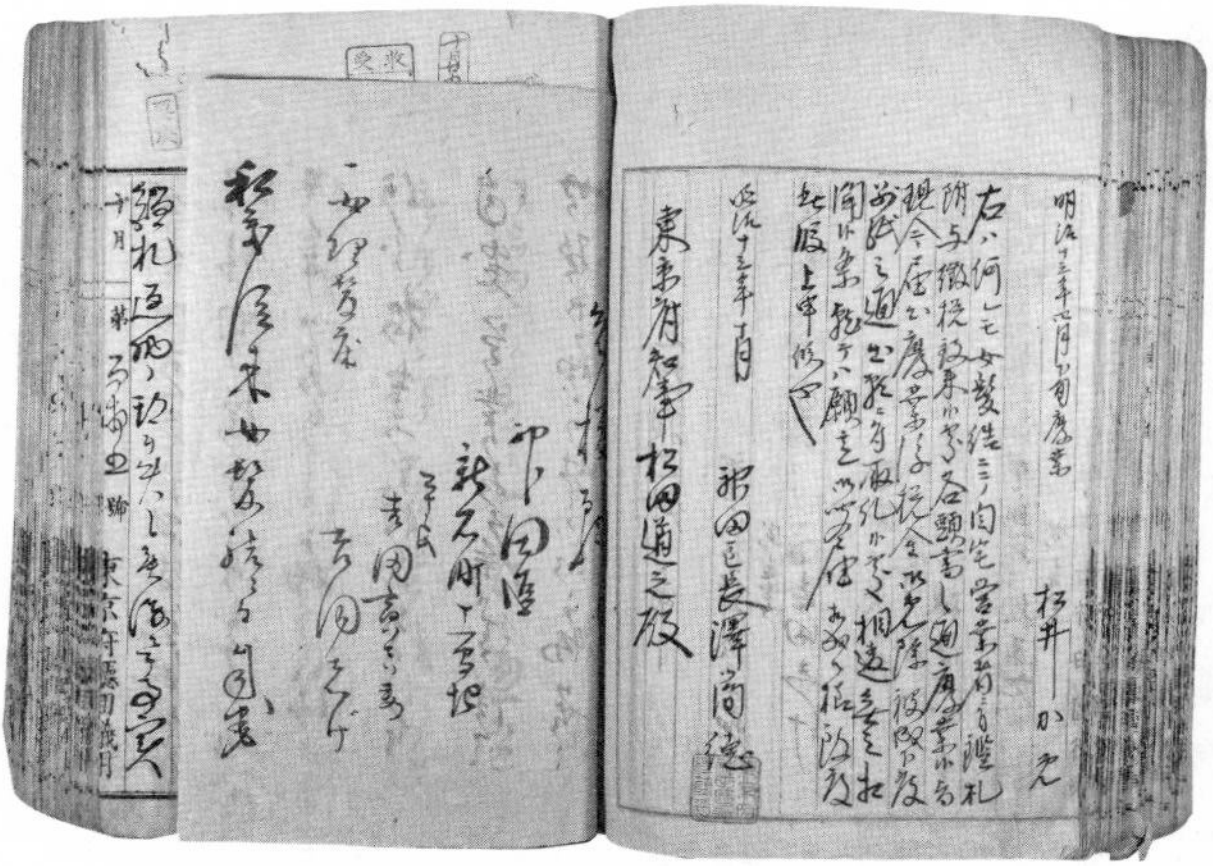

図4-22　「女髪結 吉田しげ 自宅営業廃業願」
課税関係の簿冊に綴じ込まれた願書(左側)。神田区では、同じような女髪結の願書が10通以上出されている。
(1880〈明治13〉年、「回議録　租税課」。東京都公文書館蔵)

結たちにとって、課税は、十数年前まで行われていた女髪結を非合法とする扱いと同じく、弾圧だと感じられたのかもしれません。

しかし、このような願書が出された明治一〇年代は、近代化のなかで立身出世を目指す動きが強まると同時に、その波にのれない下層の人々との差がはっきりと目に見えるようになり、下層の人々への蔑視が強まっていった時代でした。女髪結に対しても、「ふけとり三年」といわれるような汚い下層の仕事という見方に加え、売春の仲立ちをする卑猥《ひわい》な女たちという蔑視まで生まれました。

最初に紹介した「大日本婦人束髪図解」は、そのような蔑視のまなざしを表現しているわけではありません。しかし、新たな近代社会の誕生の中で、華やかであっても表層的な文明開化を象徴する女性像と、その対極に生きる働く女性たちの存在が対照的に浮かび上がってくる絵と言えるでしょう。

(3) 記号化する早乙女

「男耕女織《だんこうじょしょく》」というジェンダー観―『佩文耕織図《はいぶんこうしょくず》』

男女の分業は、時代や地域によって、実にさまざまです。たとえば、日本では農耕には古代から男女がともに携わりますが、中国には「男耕女織」、つまり農耕は男の仕事、紡織は女の仕事、という明確なジェンダーによる区分がありました。

この『佩文耕織図』は、清代の『康熙御製耕織図《こうきぎょせいこうしょくず》』（一六九六〈康熙三五〉年）をもとに日本で模刻した本ですが、田植えをしているのは全員男性です。

図4-23 『佩文耕織図』

佩文は、康熙帝の書斎の名。ここでは、田植えをしているのは全員男性。農耕は男の仕事、蚕織は女性の仕事、という中国のジェンダー観が示されている。(19世紀前半模刻。国立歴史民俗博物館蔵)

図4-24　「文部省版　米の出来るまで　田植」(部分)
(1873年以降。国立歴史民俗博物館蔵)

早乙女というアイコン

一方、日本では、江戸時代になると、笠をかぶり着飾った女性たちが一斉に田植えをする早乙女の姿が、錦絵や農業の技術を伝える農書などに描かれるようになります。田植えの上手な女性たちは、あちこちで田植え女として雇われ、よい収入を得ることもありました。

こうした早乙女は、明治以降も双六や文部省が発行した教材にも登場し、田植えのアイコンのようになり、田植えは女性の役割というイメージが定着しました。

戦国時代を舞台にした黒澤明監督の映画「七人の侍」(一九五四年)は、百姓たちに

図4-25　ステレオ写真「京都近くの水田で田植えをするがまん強い労働者」(部分)（1904年か。国立歴史民俗博物館蔵）

よる躍動的な田楽のシーンで大団円を迎えます。男たちがさまざまな楽器を鳴らして野太い声で歌い、笠をかぶった女たちがそれに合わせて美しい声で歌いながら田植えをする姿は印象的です。戦後の映画の中でも、早乙女の表象は受け継がれています。

しかし外国人が作成した明治時代の土産物の写真を見ると、男女がまじって田植えをしています。欧米人の目からは、田植えは、臭い泥田で働くつらい労働に見えたようです。

記号化された華やかな早乙女の姿と、外国人の目に映った実際の田植えの風景は、このように対照的です。

アイヌと和人の女性

図4-26は、アイヌと和人の男女が魚卵のカズノコを作っている協業の様子を描いたものです。和人女性は着物の上に前掛を着用し、アイヌの民俗衣服のアトゥシ（アッシ）をまとったアイヌの女性たちとともに働いています。アトゥシは、木の皮で織った布で作るため、潮水に濡れても身にはりつかず優れた労働着でした。網引きによる鯡《にしん》漁などの重い労働は男性が担っていたとみられますが、カズノコ作りなどの浜での労働には、アイヌも和人も男女ともに携わっていました。

秋田地方の鰰《はたはた》漁などでは、網引きを男性が行い、浜近くでのブリコ（鰰の魚卵）の採取は女性が行うなど、男女の性別の分業がみられます。いずれも漁業を成り立たせるためには不可欠な労働でした。

図4-26　鯡魚図《ヘロキコイキ》(『箱松蝦深秘考稿本』より)
近藤重蔵に従って蝦夷地(えぞち)の調査に参加した秦檍麿(はたあわぎまる。村上島之允〈しまのじょう〉)が描いた『蝦夷島奇観』の写本。画面の左側の男性が台に載せて鯡(にしん)を運び込み、アイヌ女性が紐(ひも)で束ね、和人女性が棹(さお)に下げている。右側の男性は、台にカズノコを並べて干す。(19世紀。国立歴史民俗博物館蔵)

「どんじゃ」と「ぼどこ」

「どんじゃ」は、近世~近代に青森県南部地方の女性たちがコギン刺しで布をかぶせ、麻屑を詰めて作り、家長男性が使いつづけた袖付きの蒲団です。「ぼどこ」は、何代にもわたり出産用に使われた敷き布だといいます。江戸時代は、生まれた子どもの三分の一が幼児のうちに命を落とした時代でした。「ぼど」は、「ボロ」の意味ですが、ボロボロになるまで繰り返し洗った敷き布の柔らかな手触りは、生命がけで出産に臨む女性たちを支え励ましたことでしょう。

図4-27　「どんじゃ」
（19世紀～20世紀頃。アミューズ・ミュージアム蔵／田中忠三郎コレクション）

「どんじゃ」は、野上彰子氏の研究によれば、古着の綿布や麻布を接ぎ合わせており、内側には肌触りのよい木綿を、表には麻布を用い、すれて傷みやすい襟の部分は幾度かかけ替えた跡がうかがえ、わずかな布を大切に使って丁寧な手仕事を繰り返したことがわかります。綿作の困難な寒冷地で、古着を集め一四～一五キログラム余の「どんじゃ」を作り、補修を繰り返すのは大変な作業でしたが、それは、家長男性が暖を取るために使われたといいます。

展示に際して、所蔵者の方からは、来館者に「どんじゃ」と「ぼどこ」に触れてもらい、その手触りを味わってくださいというお申し出がありました。資料の保存という点で心配はあるものの、ご好意に甘えて、傷みがないよう注意深く工夫と制限を加え体験型展示を試みる予定だったのですが、新型コロナの感染予防のため、現実には実施できませんでした。今でも残念なことの一つです。

青森の農山漁村で使われてきた「ぼろ」と呼ばれる衣服や布類を集めたアミューズ・ミュージアム（常設展示室は閉館）の「田中忠三郎コレクション」は、現在、世界各地で展示され、現代的で斬新なデザインとして、大変注目を集めています。

第五章　分離から排除へ
近世・近代の政治空間とジェンダーの変容

江戸時代の将軍家の「大奥」や、大名家の「奥」は、女性が閉じ込められていた空間というイメージでしたが、近年の研究で大きく塗り替えられ、その政治的役割が見直されています。さらに、近世の政治空間における女性の役割や活動のあり方は、明治維新によって大きく変わっていきました。

一、表と奥

女中と男性役人が支える大奥

図5－1は、三代将軍徳川家光に仕えた春《かす》日局《がのつぼね》の肖像画です。図5－2は、光り輝く将軍家光の御代と、玉椿を重ねあわせて詠嘆する、春日局の直筆と伝えられる書です。

春日局は、三代将軍家光の乳母として家光に仕え、幕府と朝廷が対立した紫衣《しえ》事件に際しては、後水尾《ごみずのお》天皇から従三位に叙せられ、春日の名を与えられて参内《さんだい》し、朝廷と将軍との関係改善に努めるなどの政治力を発揮し、大奥制度の確立にも力を発揮した女性です。

では、春日局の頃に確立されたといわれる、

図5-1　「春日局像」
（17世紀、狩野探幽画。東京麟祥院蔵、画像提供：公益財団法人禅文化研究所）

大奥、また大名家の奥とはどのような役割を持っていたのでしょうか。

江戸城の空間構造は、大きく「表向」と「奥向《おくむき》」に分かれています。「表向」は、儀式や将軍が大名との対面を行う儀礼の場ですが、「奥向」はさらに「表方《おもてかた》」と「奥方《おくかた》」に分かれています。表方は、当主である将軍の日常の政治の場で、男性だけの空間です。奥方は、将軍妻子の住居で、将軍が家族と過ごす場です。また、奥方は、将軍や御台所《みだいどころ》に仕える奥女中が集住する女性の空間（長局《ながつぼね》）だけではなく、広敷向《ひろしきむき》の男性役人も勤める場でした。奥方では、奥女中と男性役人がともに奥方を維持運営していたのです。将軍家だけではなく、大名家の奥向も同様の構造をもっていました。

玉椿　光をみかく　君か代に
百かへりさく　ちとせける哉

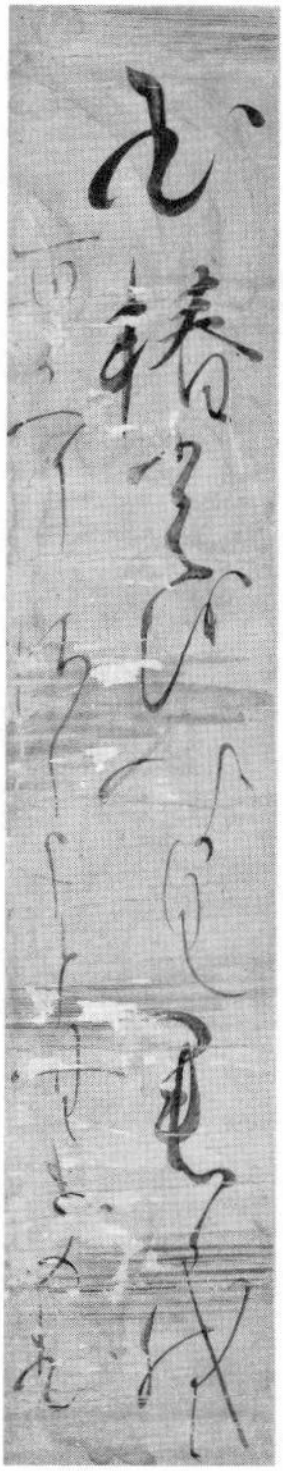

図5-2　「伝春日局和歌短冊」（17世紀。国立歴史民俗博物館蔵）

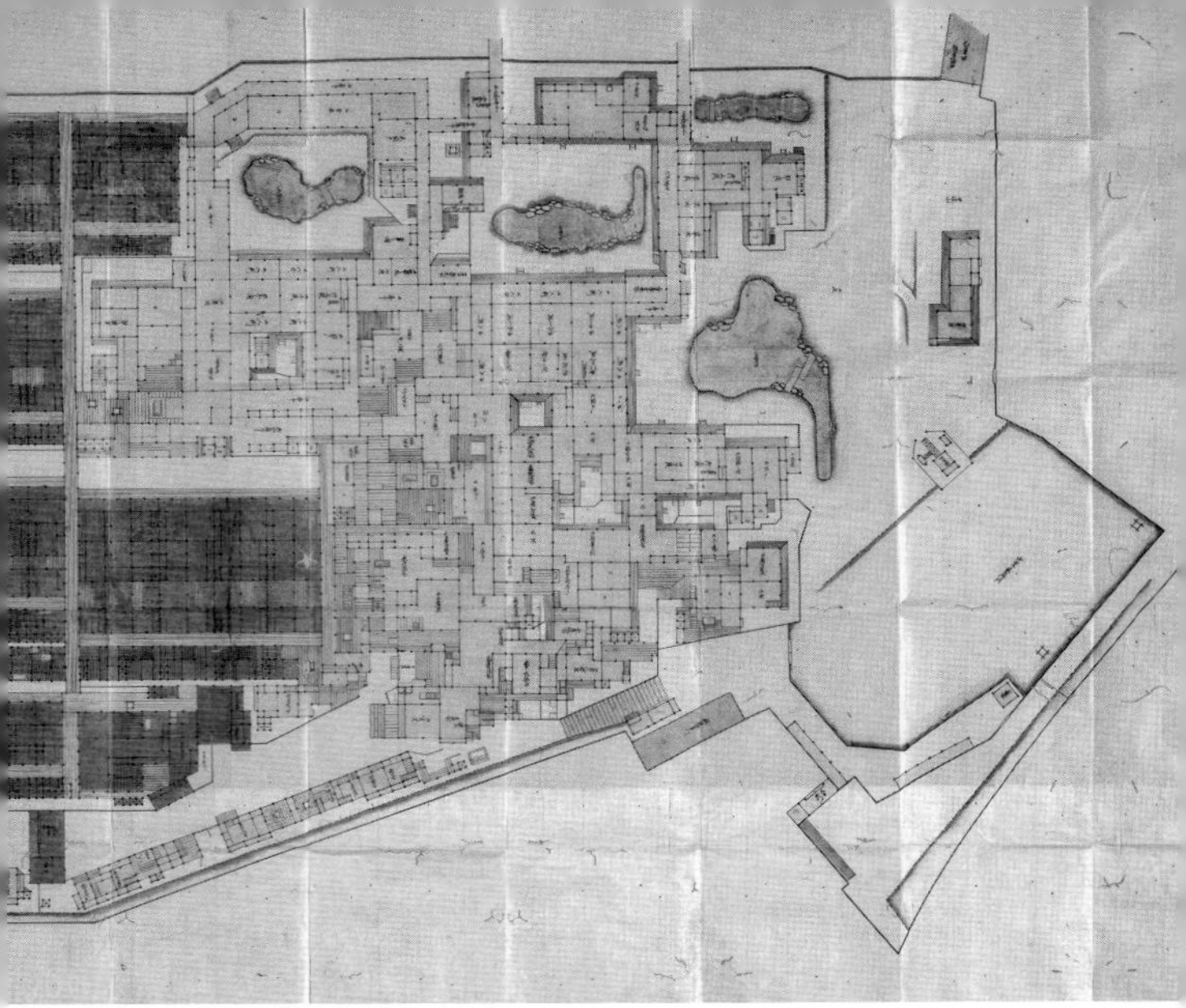

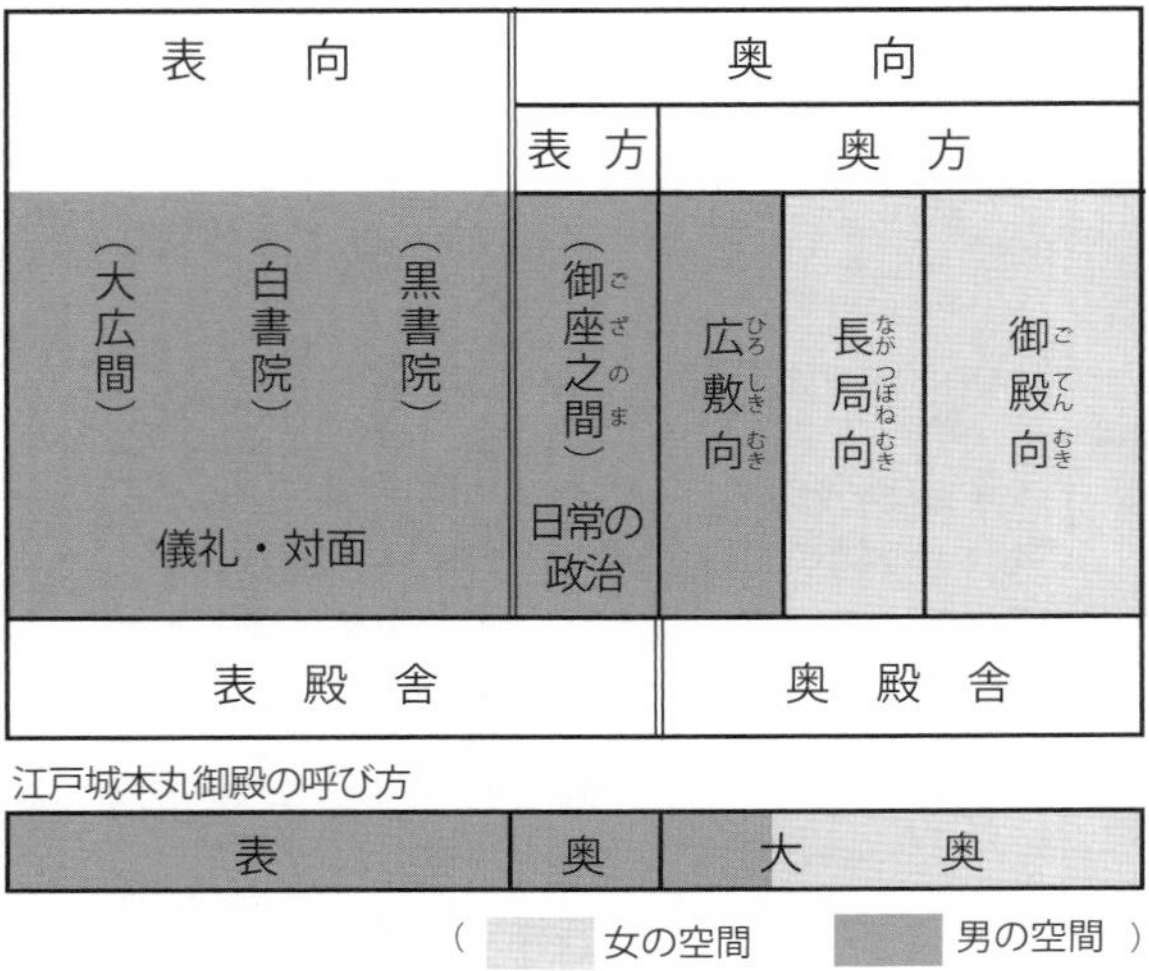

図5-3　表向と奥向の概念図

作成：柳谷慶子

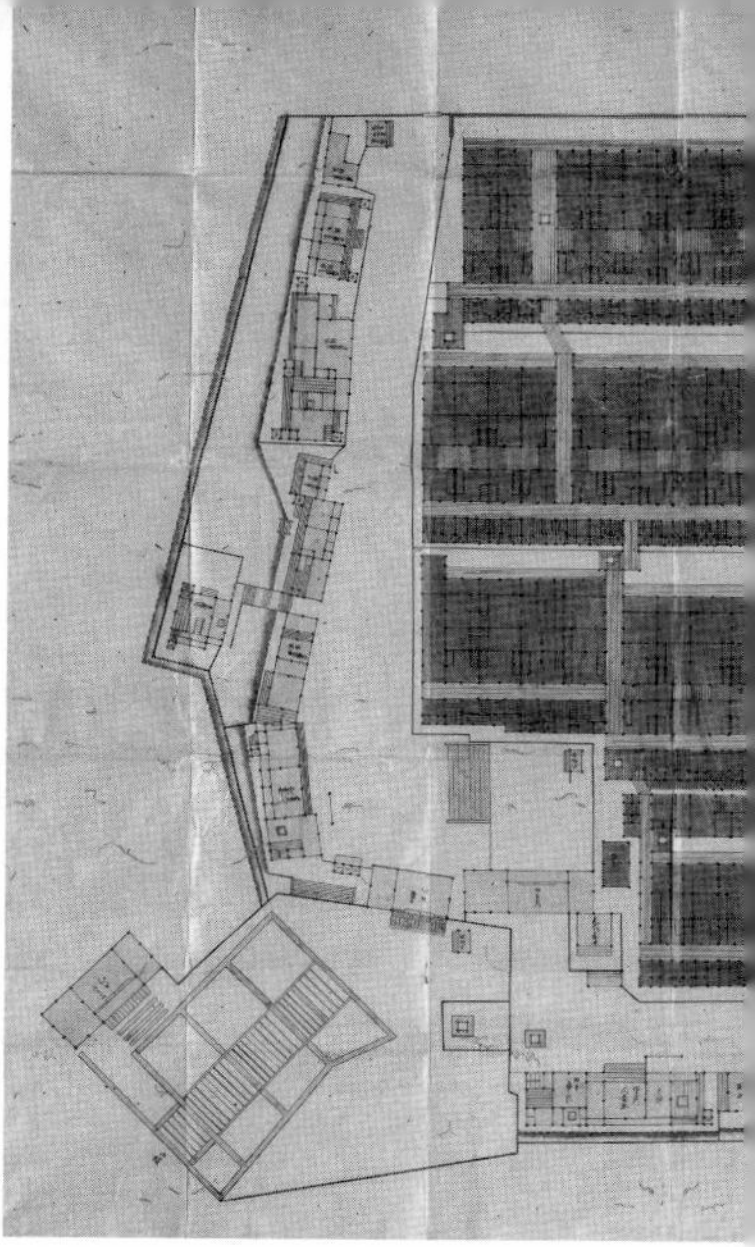

図5-4　「西丸向惣絵図《にしのまるむきそうえず》」(西丸大奥)〈1852〈嘉永5〉年。国立歴史民俗博物館蔵〉

図5-4は、幕末の西丸《にしのまる》御殿の奥方の図です。一八五二(嘉永五)年に西丸が火災で焼失し、再建に関わった大工棟梁《とうりょう》鈴木家に残された西丸の完成図です。奥向のうち、表方つまり将軍の日常の居所は描かれていません。西丸は、この時期には、将軍世嗣《せいし》家定《いえさだ》(後の一三代将軍)の住居でした。

図の右の色のやや薄い部分(原図は黄色)が、奥方の御殿向と広敷向です。世嗣の御座之間、御簾中《ごれんちゅう》(妻)の御座之間、奥女中の執務空間のほか、奥方の業務を担当する男性の広敷向役人の執務空間があり、広敷向役人は、老女ら奥女中とともに奥方の諸事を担当しました。左側の色の濃い部分（原図は赤色）は奥女中の住居である長局です。また、周りを囲む塀の内側には、大奥を取り仕切る留守居《るすい》（五〇〇〇石の旗本）以下、大奥出入を管理する切手番や警備担当者が詰めていました。つまり、大奥は男子禁制の空間といわれますが、実際には奥女中とともに、男性の役人が広敷向と呼ばれる空間で執務しており、奥女中と広敷向の男性役人は、協力して大奥を支える業務を担っていました。幕末の江戸城では、天璋院《てんしょういん》（一三代将軍徳川家定の妻）付の女中が九一人に対し、天璋院付の男性役人が一七一人もいた時期もあったほどです。ただし、広敷向と、御殿向や長局向の行き来は禁じられていました。

長局向は、奥女中の生活の場です。幕末には老女を筆頭に、奥女中は三二職階に分かれていました。また、それぞれが数名の部屋方《へやかた》（下女）を抱えていたため、江戸城全体の女中の数は、一九世紀には二五〇〇名を超えていたと考えられます。

仙台藩の「奥」

奥向の構造は、規模は異なりますが、大名家も大奥と同じで、奥女中と広敷向役人はともに奥向を支えていました。奥女中も、奉公に際しては忠義を誓い、誓紙に血判を押して提出しています。この形式は、広敷向以外の他の男性役人とも違いがありません。

ここでは、仙台藩伊達《だて》家上屋敷《かみやしき》の奥女中の誓詞を見てみましょう。**図5－5**は、老女の音羽、菅野、浜野の三名が奉公する際に提出した、血判を押した

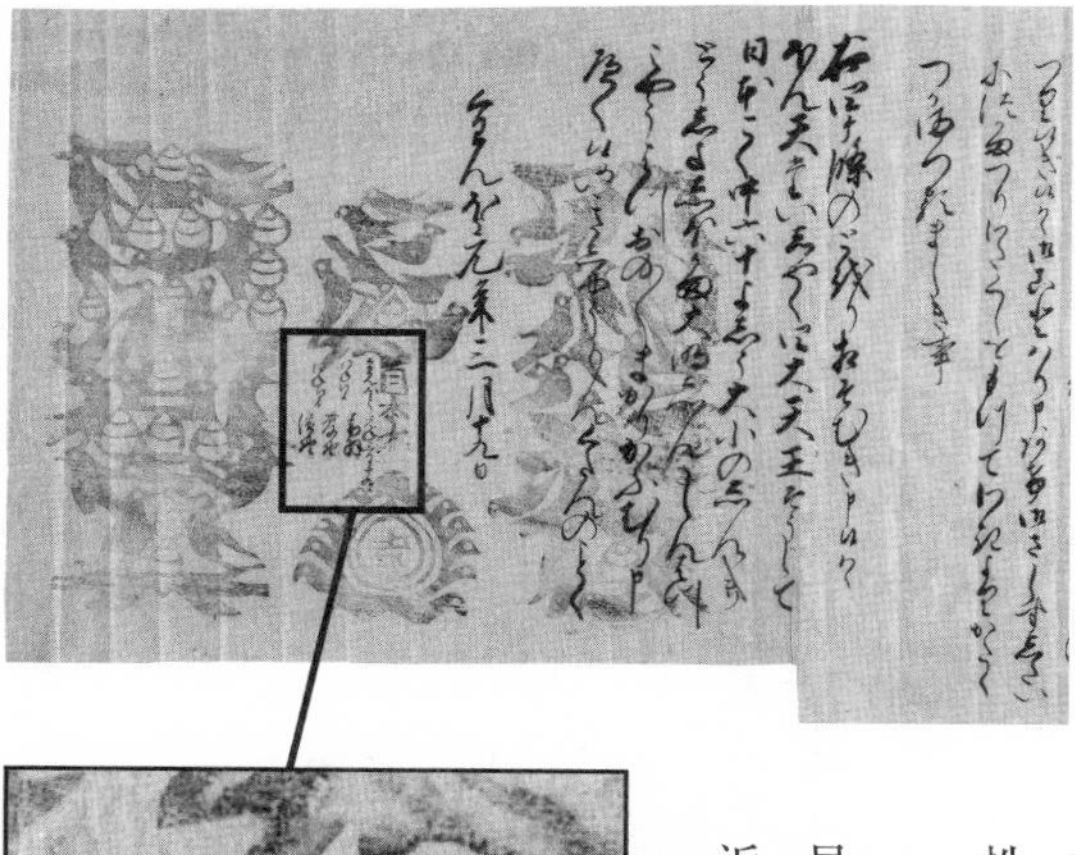

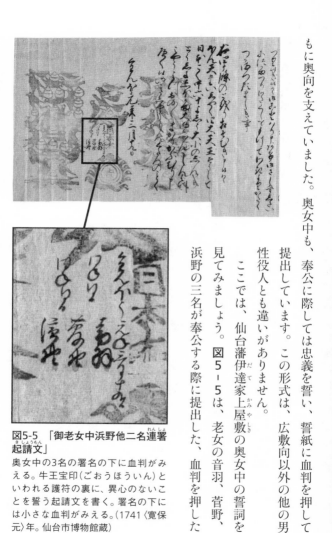

図5-5　「御老女中浜野他二名連署《れんしょ》起請文《きしょうもん》」
奥女中の3名の署名の下に血判がみえる。牛王宝印（ごおうほういん）といわれる護符の裏に、異心のないことを誓う起請文を書く。署名の下には小さな血判がみえる。（1741〈寛保元〉年。仙台市博物館蔵）

誓詞です。男性役人と奥女中の共通性を示しているものといえるでしょう。

奥方の政治的な役割

では、奥向奥方の政治的な役割はどこにあったのでしょうか。一つは、表向と同じように、奥の儀礼や大名間の交際などを滞りなく行う役割を持っていたことです。仙台藩の奥方からは、御城使《おしろづかい》と呼ばれた奥女中が将軍家大奥に派遣され、大奥女中のトップである将軍付の老女に対面し、将軍や御台所への御目見えが許されることもありました。奥女中が、大名家の奥と将軍家大奥の交際を支えたともいえるでしょう。図5－6『女中帳』は、御城使として登城してくる各大名家奥女中の名前を、幕府の側が記録したものです。

もう一つの政治的役割は、男性当主がその役割を十分果たせない時に、大名の妻がその役割を代行するところにありました。図5－7の七代目の仙台藩主・伊達重村《だてしげむら》の正室、観心院《かんしんいん》（近衛惇君《このえあつぎみ》）という女性は、藩主たちが相次いで亡くなり、伊達家が危機に陥った際に、強い指導力を発揮して危機を乗り越えました。中世、夫の死後に家長として家を守った北条政子や寿桂尼のような存在は、近世においても健在でした。

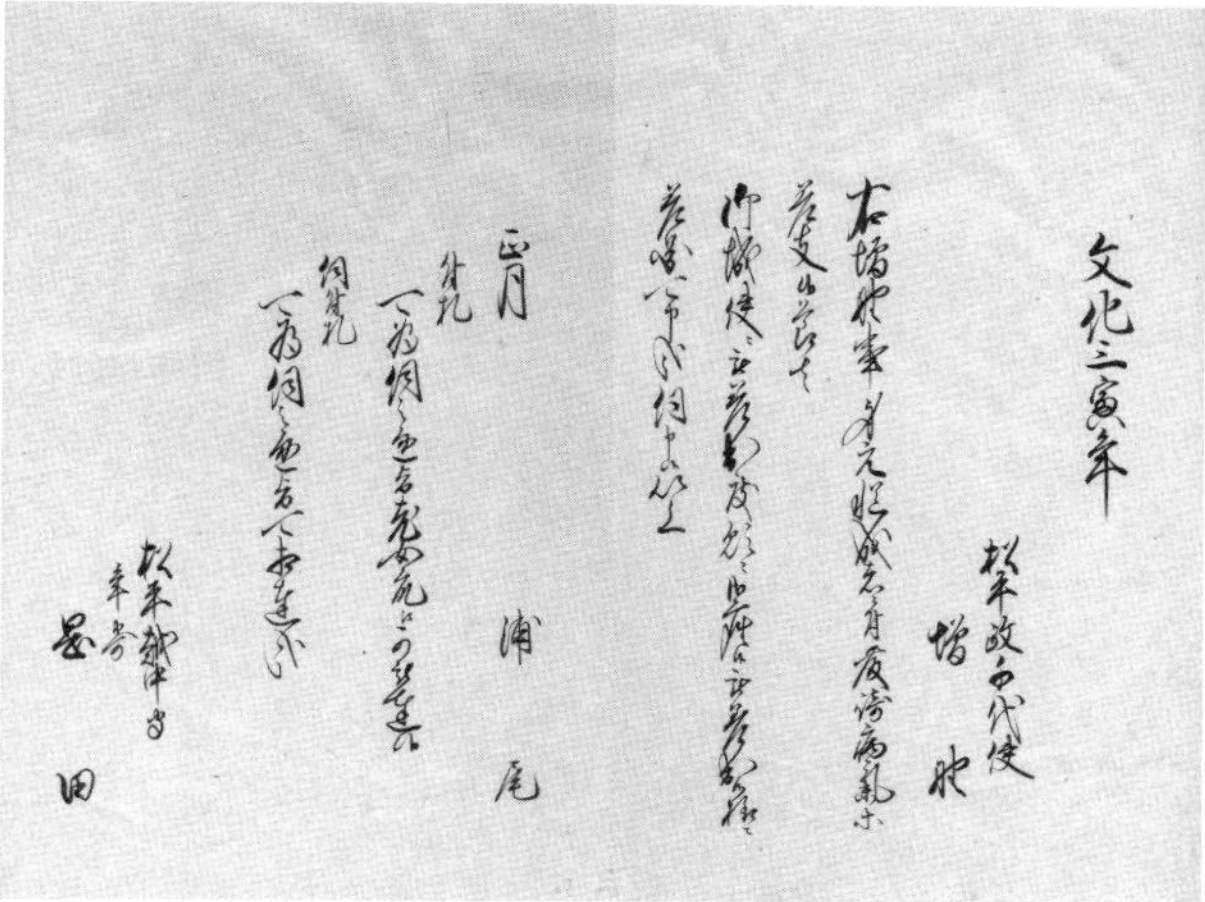

文化二寅年

松平政千代使
増野

正月
浦尾

図5-6　江戸幕府「女中帳」
仙台藩9代藩主政千代（伊達周宗〈だてちかむね〉）が、奥女中増野を御城使としてもよいかと伺い、江戸城大奥を取り仕切る留守居（るすい）が、将軍付の老女浦尾を通して伺いを出し、許可されたことがわかる。（1805～10〈文化2～7〉年。国立公文書館蔵）

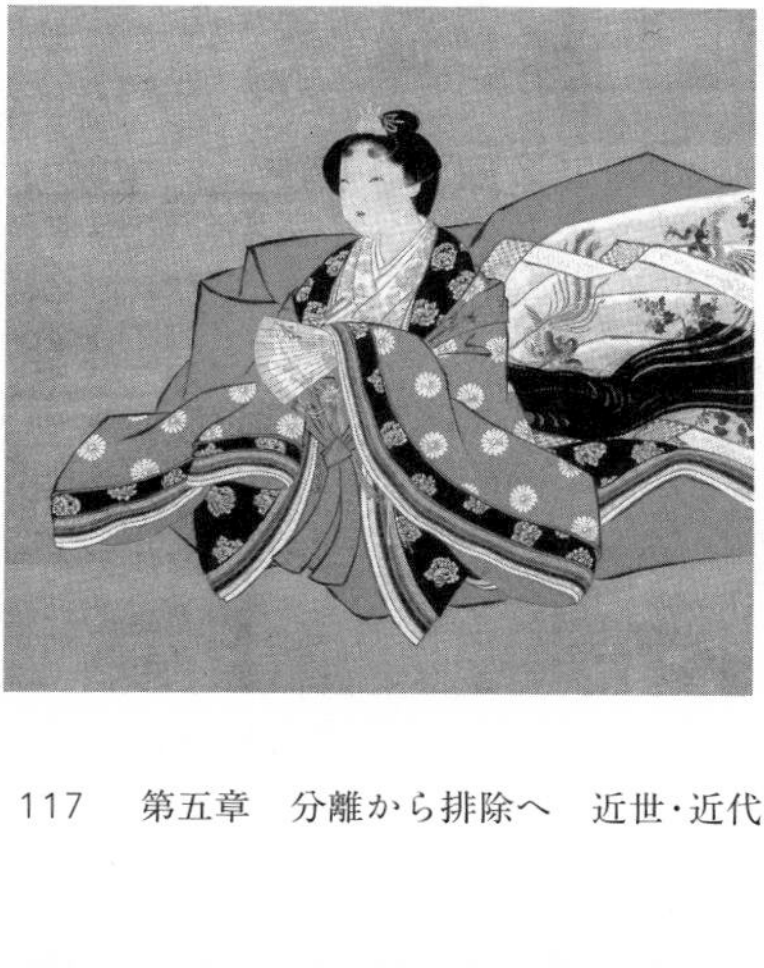

図5-7　「仙台藩伊達家観心院（近衛惇君）像」
（18世紀末～19世紀初頭。仙台市博物館蔵）

大奥に奉公した名主《なぬし》の娘―「関口日記」

将軍家や大名の奥方では、武家出身の上級の奥女中だけでなく、百姓や町人の娘たちの労働力も必要でした。また、娘たちの側も、奥奉公の経験が良縁を得ることにつながりました。

「関口日記」は、武蔵国《むさしのくに》橘樹郡《たちばなぐん》生麦村《なまむぎむら》（現横浜市）の名主関口家で代々の当主が書き留めた日記です。一八二八（文政一一）年三月、関口家の次女千恵は、三〇代になって江戸城大奥の中臈《ちゅうろう》お美代の方の部屋方として奉公することとなり、低い身分ながら、自分の働きで自立した生活を営みました。

千恵は、大奥に一一年間勤めた後、退職して村に帰りますが、退職後もお美代部屋の局《つぼね》久尾《ひさお》との交流は長く続き、六九歳で生涯を終えるまで大奥に奉公したという矜持を持ち続けました。千恵の甥は、日記に千恵のことを「御殿伯母」という敬称で記しています。

関口千恵のように、大奥では、江戸の町や近郊農村出身の女性が年季奉公で雇用され、

（イラスト：甲島於々史）

将軍家の暮らしを支えるため、働いていました。江戸城大奥は、女性がキャリアを積み、昇進や出世の可能性を開く職場でもあったのです。

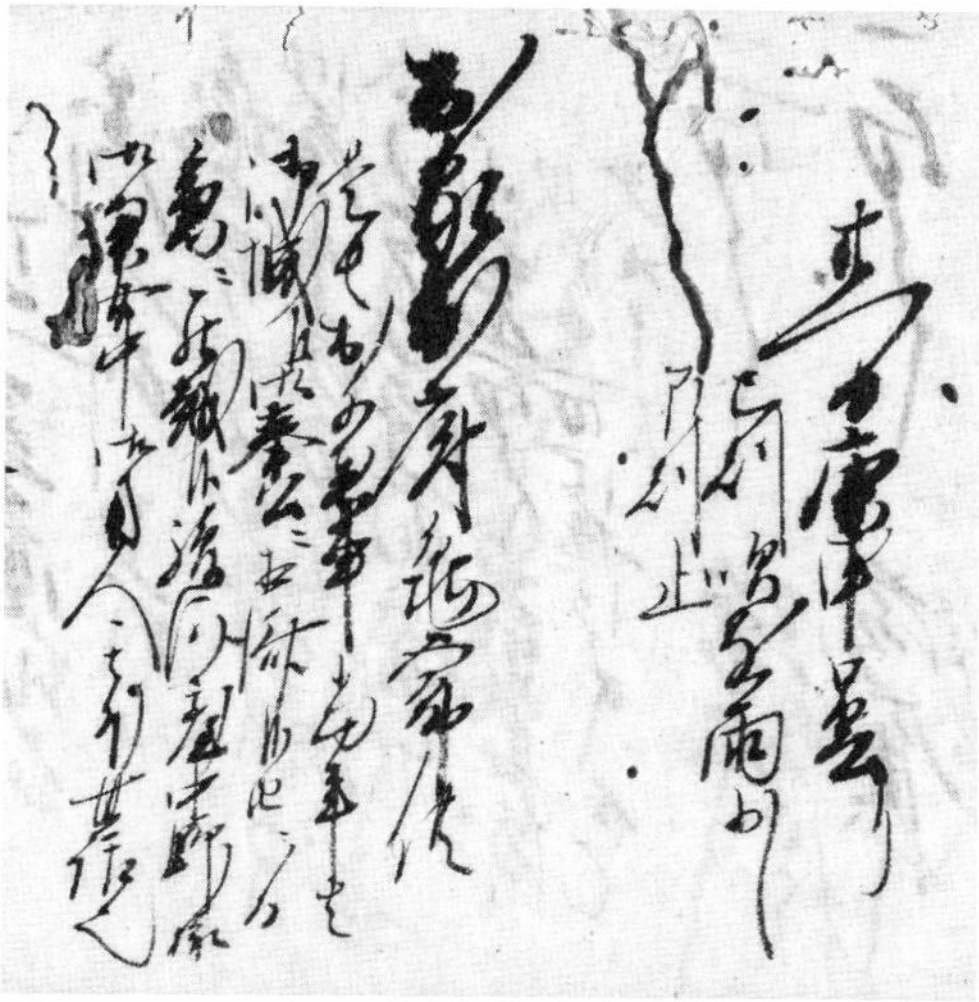

図5-8　「関口日記」(部分)
後ろから3行目から「御城へ御奉公」することになった千恵が急に訪ねて来た、と書かれている。
(1828〈文政11〉年3月21日条。横浜開港資料館蔵)

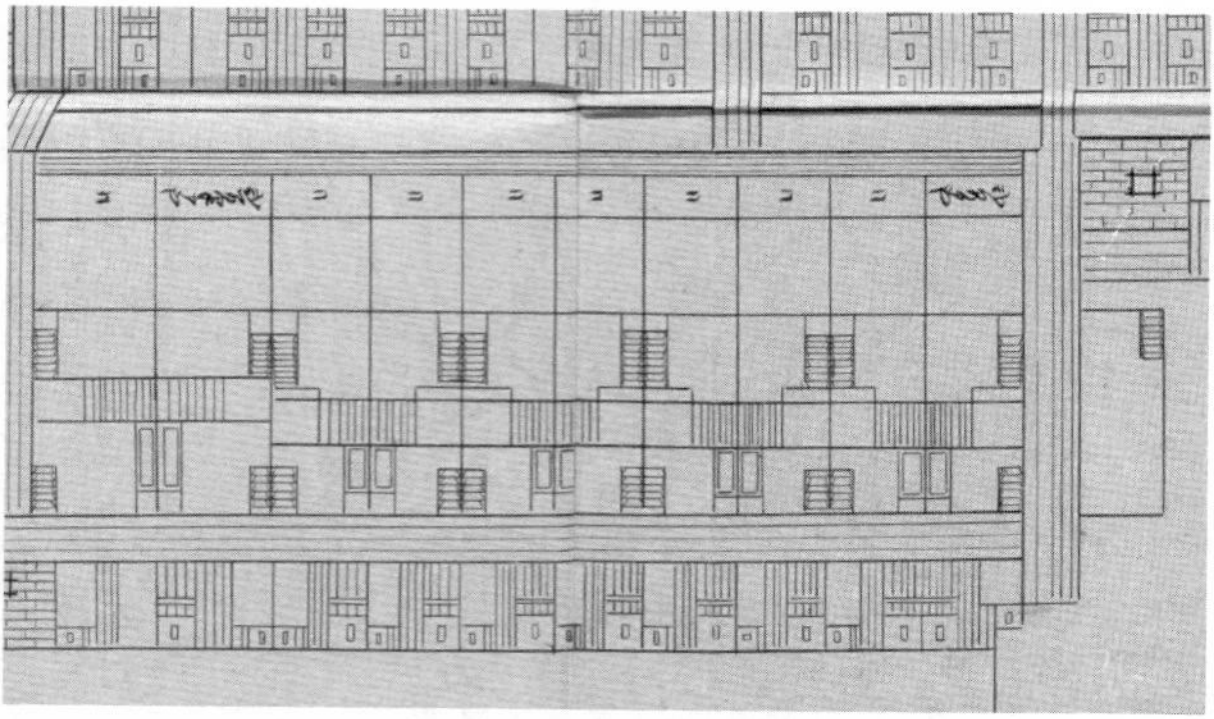

図5-9　「御本丸一二三四之側大奥長局惣絵図」(部分)
(1860〈万延元〉年。国立歴史民俗博物館蔵)

しかし、**図5－9**に見られるように、大奥に奉公する奥女中たちの住まいである長局は、非常に狭小で、暗く、出口の少ない空間でした。そのため、火事や地震といった天災の際には多くの奥女中がその犠牲になることもありました。

コラム　双六《すごろく》——出世のモデル

江戸時代から流行した双六（絵双六）には、「振り出し」から「上り」までを出世の階梯とする「出世双六」があり、どのような出世モデルが認識されていたのかをうかがうことができます。**図5-10**「奥奉公出世双六《おくぼうこうしゅっせすごろく》」は、江戸の町や近郊農村出身の女性が、個人の力量と努力により大奥で職を得て昇進していく、というあこがれが存在したことを示すものです。

この双六、台詞《せりふ》がなかなか面白いの

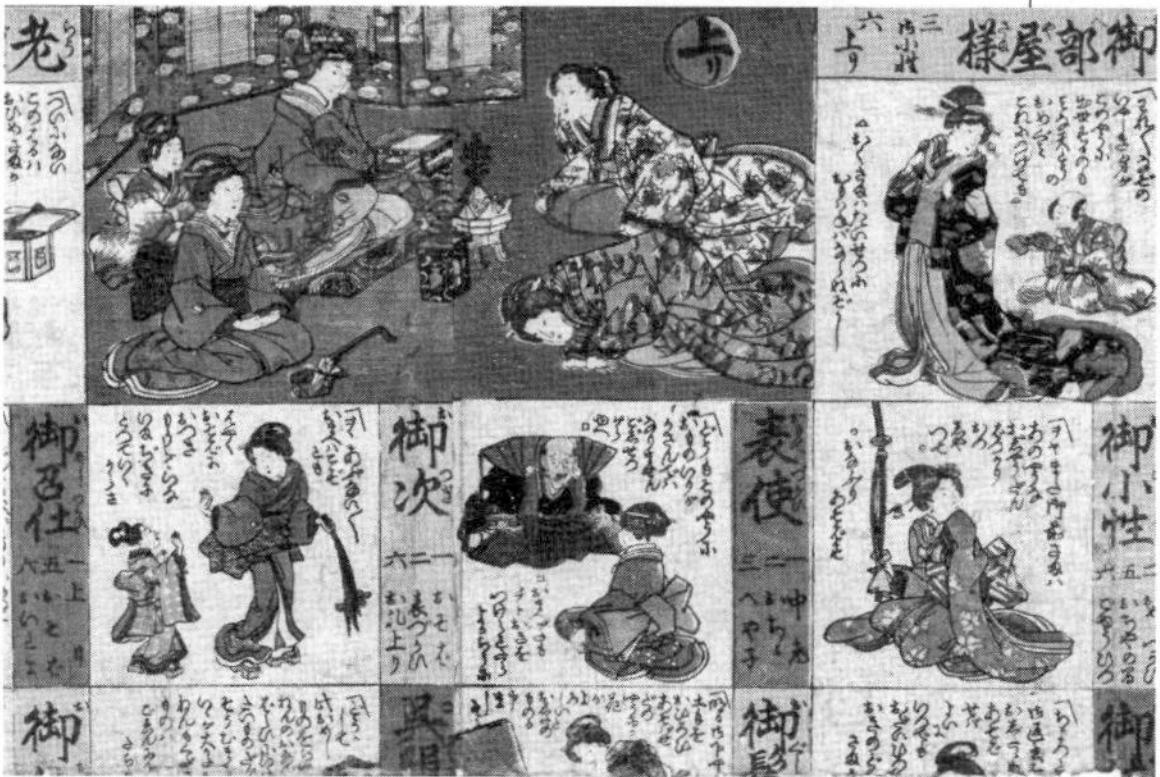

図5-10　「奥奉公出世双六」(部分)
「上り」付近。(19世紀半ば頃、3代歌川豊国画。東京都立中央図書館特別文庫室蔵)

で少し紹介します。

「上り」の右にある「御部屋様《おへやさま》」（側室《そくしつ》）は、「われわれなどのいやしき身がこのように出世するのもみな天《（天道）》とうのおめぐみ。これにつけてもおくさまハたいせつにおもハねバならぬぞかし」

——「いやしき身」でもここまで「出世」できる、というモデル、ないし願望でしょうか。五代将軍綱吉《つなよし》の生母桂昌院《けいしょういん》の父は京都の八百屋とされていますから、このような台詞もあながち絵空事ともいえないでしょう。

「表使《おもてづかひ》」の女性に向かって、男性役人が苦情を言っています。

「どうもそのやうにおものいり（御物入り）がかさんでハなりません。ごじせつがら（御時節柄）ゆえ、おまへがたもチトおき（気）をつけられたらよかろうに」

——先に見た奥方における男女の協業の一コマでしょう。

絵に台詞を添えるこの書き方は、中世の「職人歌合絵巻」や、その影響を受けた「近世職人尽絵詞」（第四章）、さらに現在の漫画などにつながる系譜を思わせます。

明治以降の「出世双六」には、男児と女児は最初から異なる道筋が対比的に示されるものが多く見られます。鏑木清方《かぶらききよかた》の「新案双六当世二筋道《しんあんすごろくとうせいふたすじのみち》」（一九〇七〈明治四〇〉年、一七二頁）は、女性の頂点を「婚礼」に置きますが、芸妓・看護婦のほか、下級官吏であった「女子判任官《はんにんかん》」が登場します（第七章）。

一方、幕末の「諸国繁栄遊興寿語六《しょこくはんえいゆうきょうすごろく》」（一八六三〈文久三〉年）は、振り出しを横浜、新吉原遊廓を上がりとして、公認遊廓から港町や門前町、非合法の岡場所までを描きます。遊び道具の双六になるほど、近世社会で買売春が広く浸透していたことを示しています（第六章）。

二、「奥」の消滅と女性の排除

明治維新がもたらした大きな変化の一つが、将軍家や大名家、家臣の家といった家を単位とした政治が終わったことでした。そのような変化によって、女性の政治的な位置はどのように変化したでしょうか。

「予は答え置く」――静寛院宮（和宮）の自筆日記

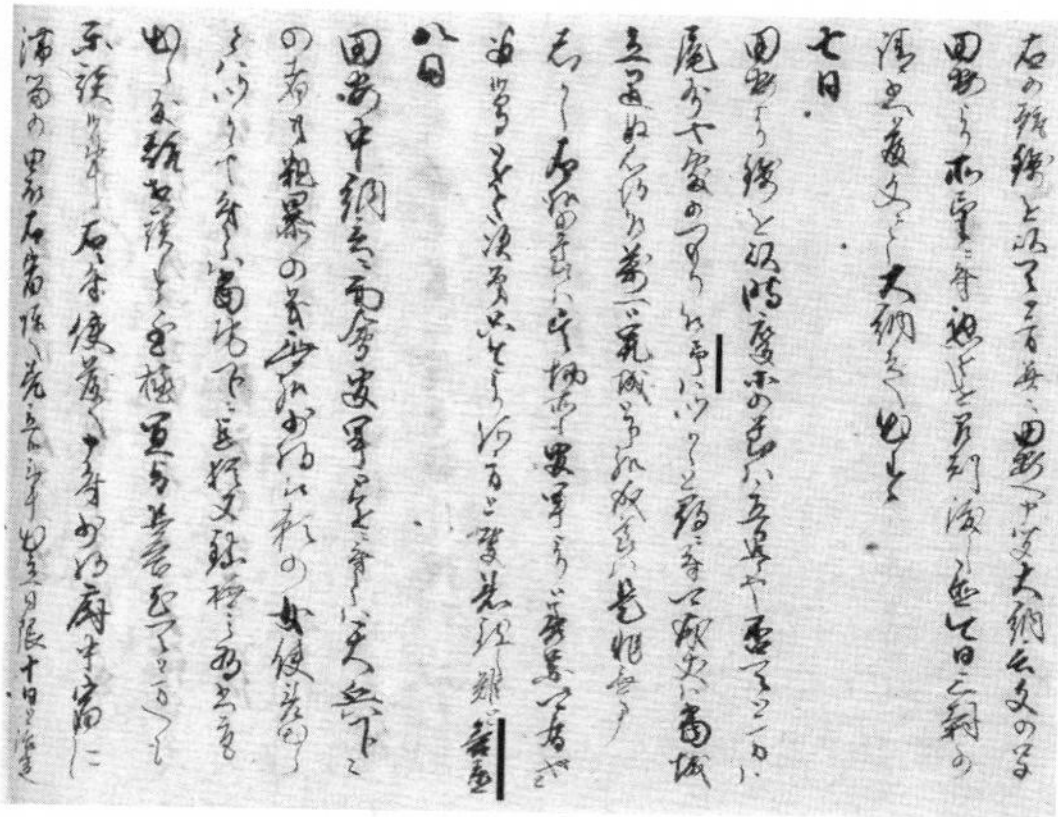

図5-11　「静寛院宮御日記」
7日の2行目中程から「予ハ……当城立退ぬ心得ながら、万一御開城と申す様に成る節は是非無き事」などとある。（1868〈慶応4〉年3月7・8日条。宮内庁書陵部蔵）

図5－11は、一四代将軍徳川家茂《とくがわいえもち》の妻に迎えられた皇女和宮《かずのみや》（静寛院宮《せいかんいんのみや》）の自筆日記『静寛院宮御日記』です。最後の将軍・徳川慶喜が、一八六八（慶応四）年の鳥羽伏見《とばふしみ》の戦いで敗北した後、徳川家を守るために前面に出た静寛院宮のこの日記は、江戸城の「無血開城」の前後の政治的な動きがわかる内容も貴重ですが、一人称に「予ハ」と記し、文末も「……と答え置く」といった断定的な表現が用いられ、男性的な文体が特徴です。当主に代わって家を守るという、正室の責任感を示し

たものともいえます。

宮中からの女官の排除

しかし、新たに成立した明治政府は、公私の分離という近代社会の原則にもとづいて、家を政治の単位とはしない、新しい政治体制を目指していました。天皇・宮中のあり方も変化させてゆきます。天皇の生活空間で勤務する女性たちは、「私」の場所に属する人々として、政治の場から排除されます。女房や奥女中が一定の政治的役割を担った前近代からの大きな変化です。

一八六九（明治二）年、天皇が二度目の東京への行幸をした時に、明治政府の役人は、天皇が住む予定であった西丸から、女官たちの住む空間・長局を外に出す計画を立てました。「皇居御造営誌附属図類下調図」という改築の設計図から、その様子を見ることができます。

また、一八七一（明治四）年には、薩摩藩出身の役人である吉井友実《よしいともざね》が、すべての女官を一度全員解雇します。そして、その日の日記に、「天皇の命令が女房を通じて伝えられるというような数百年来の『女権』が、この一日で一挙に解消されて愉快きわまりない」と記しています。明治維新の担い手たちのジェンダー・歴史認識がうかがわれる興味深い史料です。

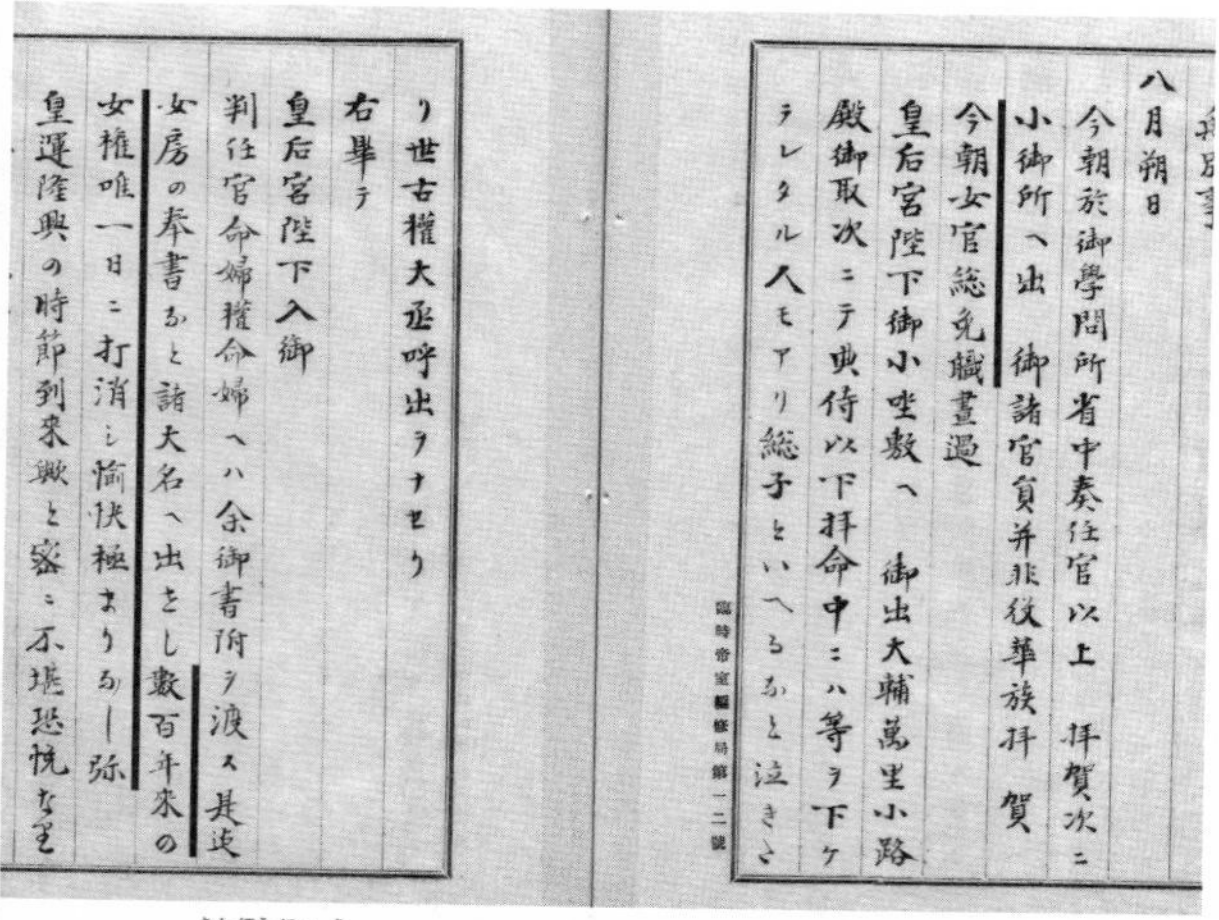
八月朔日
今朝於御學問所省中奏任官以上　拝賀次ニ
小御所へ出　御諸官員并非役華族拝　賀
今朝女官総免職書遣
皇后宮陛下御小座敷へ　御出大輔萬里小路
殿御取次ニテ典侍以下拝命中ニハ等ヲ下ケ
ラレタル人モアリ総子といへるおと泣きさ
臨時帝室編修局第一二號
り世古權大丞呼出ヲナセリ
右畢テ
皇后宮陛下入御
判任官命婦權命婦へハ余御書附ヲ渡ス甚述
女房の奉書おと諸大名へ出きし数百年来の
女権唯一日ニ打消シ愉快極まりなし弥
皇運隆興の時節到来歟と竊ニ不堪恐悦なり

図5-12　『三峰日記《さんぽうにっき》』（吉井友実日記、写本）
4行目に「今朝女官総免職」、後ろより3行目から「数百年来の女権唯一日ニ打消シ愉快極まりなしや」とある（傍線）。
（1871〈明治4〉年8月1日条。宮内庁宮内公文書館蔵）

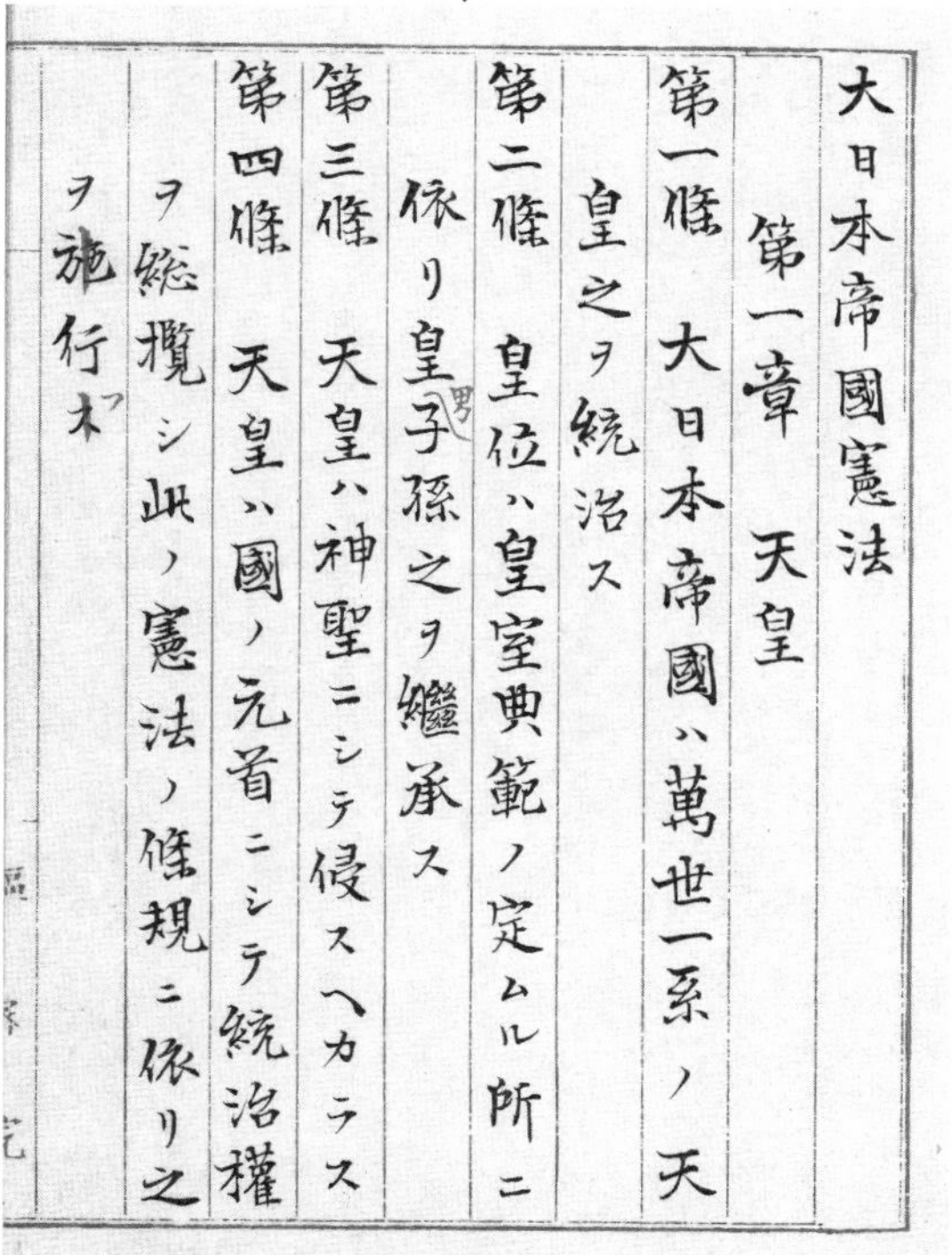
大日本帝國憲法
第一章　天皇
第一條　大日本帝國ハ萬世一系ノ天皇之ヲ統治ス
第二條　皇位ハ皇室典範ノ定ムル所ニ依リ皇男子孫之ヲ繼承ス
第三條　天皇ハ神聖ニシテ侵スヘカラス
第四條　天皇ハ國ノ元首ニシテ統治權ヲ總攬シ此ノ憲法ノ條規ニ依リ之ヲ施行ス

図5-13　「枢密院決議」(第三審会議)
第二条「皇位ハ…」の次の行で、当初の案「皇子孫」に「男」が加えられ、「皇男子孫」となったことがわかる。
(1889〈明治22〉年。国立公文書館蔵)

このような、政治空間から女性を排除するという動きは、明治皇室典範と明治憲法によって完成します。政府の内部では、女帝を認めるという意見もありましたが、井上毅《いのうえこわし》の強い反対があって、皇室典範では否定され、憲法上は、発布の二週間ほど前の枢密院《すうみついん》会議で、天皇は男系に限ることが初めて明記されました（図5-13）。また、女性の公民権や参政権が否定されていく動きも、さまざまな法律を通して制度化されていきました。

与えないことを「通例」とする――女性の参政権

明治憲法そのものには、女性の参政権を否定する条文はありません。しかし、各種の選挙制度・地方制度の法令によって、選挙権が男性に限定されることになります。その一つ、一八八八（明治二一）年の「市制町村制」の趣旨説明では、外国人や、独立した生計を営んでいないものと同様、女性にも公民権を与えないことを「通例」とする、と述べられています（図5-14）。

一方、自由民権運動の中で作られ、人権意識の高さで知られる「五日市《いつかいち》憲法草案」は、条文中で「婦女……ハ、代民議員ノ撰挙人タルコトヲ得ス」と、女性は参政権を持たないとわざわざ明記しています。高知県の楠瀬《くすのせ》喜多《きた》のように、女性も納税の義務を負うのであれば選挙権も与えられるべきと主張し、町会議員選挙での女性参政権を勝ち取る動きもありましたが、この時期、政府民間を問わず、女性の参政権を認める発想は少数でした。

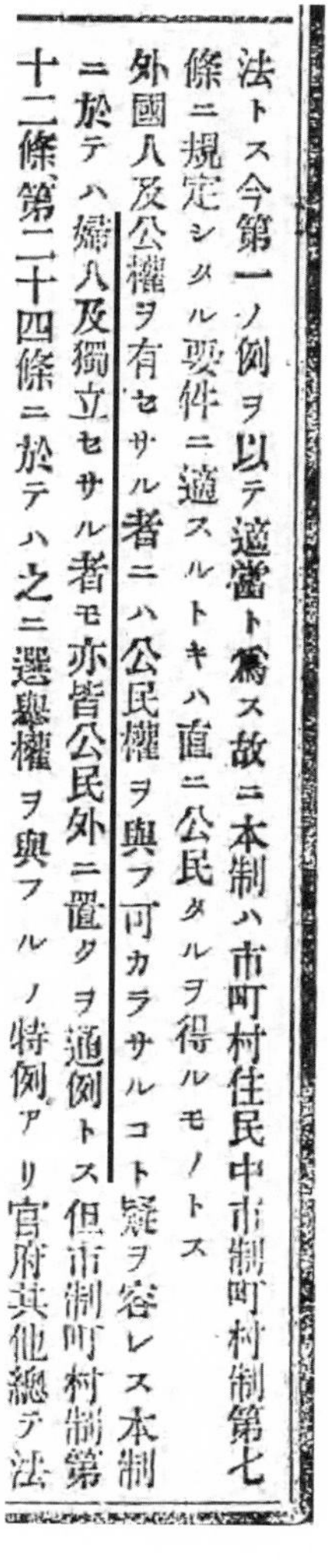
法トス今第一ノ例ヲ以テ適當ト爲ス故ニ本制ハ市町村住民中市制町村制第七
條ニ規定シタル要件ニ適スルトキハ直ニ公民タルヲ得ルモノトス
外國人及公權ヲ有セサル者ニハ公民權ヲ與フ可カラサルコト疑ヲ容レス本制
ニ於テハ婦人及獨立セサル者モ亦皆公民外ニ置クヲ通例トス但市制町村制第
十二條第二十四條ニ於テハ之ニ選舉權ヲ與フルノ特例アリ官府其他總テ法

図5-14　「市制町村制理由（官報第1443号附録）」
4行目に「婦人及独立セサル者モ亦（また）皆公民外ニ置クヲ通例トス」とある。（1888〈明治21〉年4月25日。国立国会図書館蔵）

第六章　性の売買と社会

性の売買、すなわち買売春は、それぞれの時代の社会の男女の関係や社会の特徴を大変よく反映して行われてきました。買売春のなかった古代、芸能と売春が一体となって行われていた中世、そして遊女の身体を売買することを前提にして行われるようになった近世から、「自由意思」による売春を建前とする近代へと、その流れを追っていきます。

一、中世の遊女―家と自立

「売春は最古の女性の職業」と言われますが、それは事実でしょうか。近年の研究によれば、日本で職業としての売春が生まれたのは、九世紀後半頃であることが明らかになっています。

日本古代の社会では、男女関係・夫婦関係が緩やかであったため、性を売買して対価を得るという行為そのものが成り立ちませんでした。しかし律令法のシステムが浸透し男性による政治的・社会的な地位の独占が進むと、父が自分の子に対してその地位を確実に継承させることが重要な課題になります。そのため夫婦の結びつきが強まり、妻の性が夫以外には閉ざされるようになりました。こうして婚姻による性の独占が進んだ九世紀後半の段階で初めて、不特定多数に開かれた性の売買が価値を持つようになり、職業としての売春が成立したというのです。性の売買は、各時代の社会構造と関連付けながら、歴史的なものとして考えることが必要です。

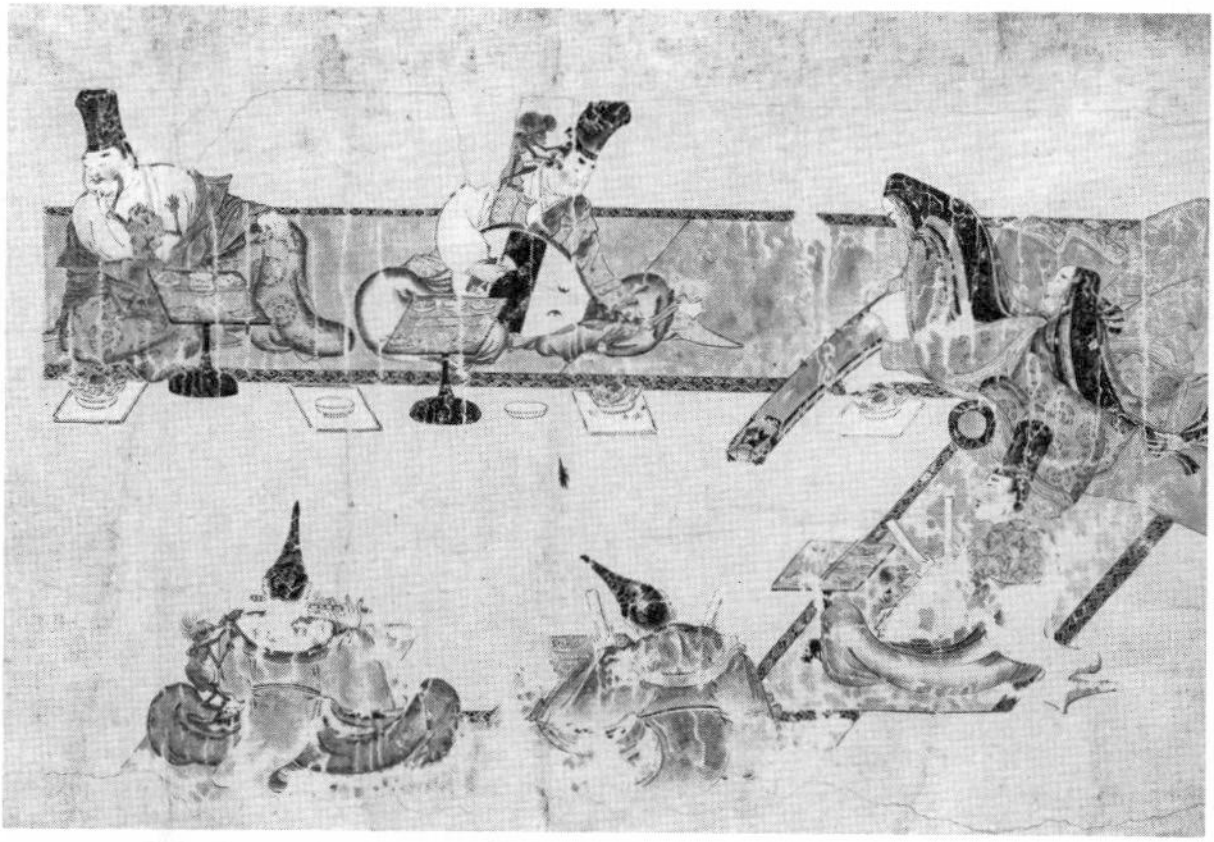

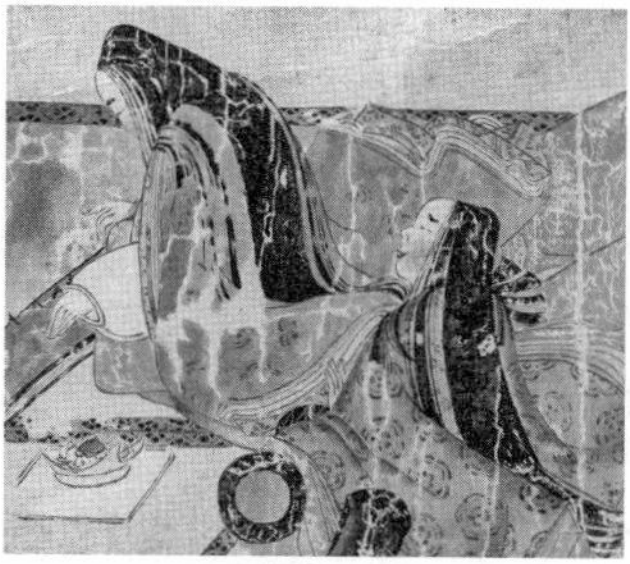

図6-1　宴会で箏《そう》と鼓《つづみ》を演奏しながら歌う遊女「餓鬼草紙」(模本)
(原本12世紀。国立国会図書館蔵)

中世の遊女はプロの歌手
―「餓鬼草紙《がきぞうし》」と「今様之濫觴《いまようのらんしょう》」

中世の遊女は売春に限らずさまざまな生業を複合的に営んでいました。宿泊業もその一つで、旅の女性が宿泊することもありました。また遊女はプロの歌手でもあり、特に今様《いまよう》と

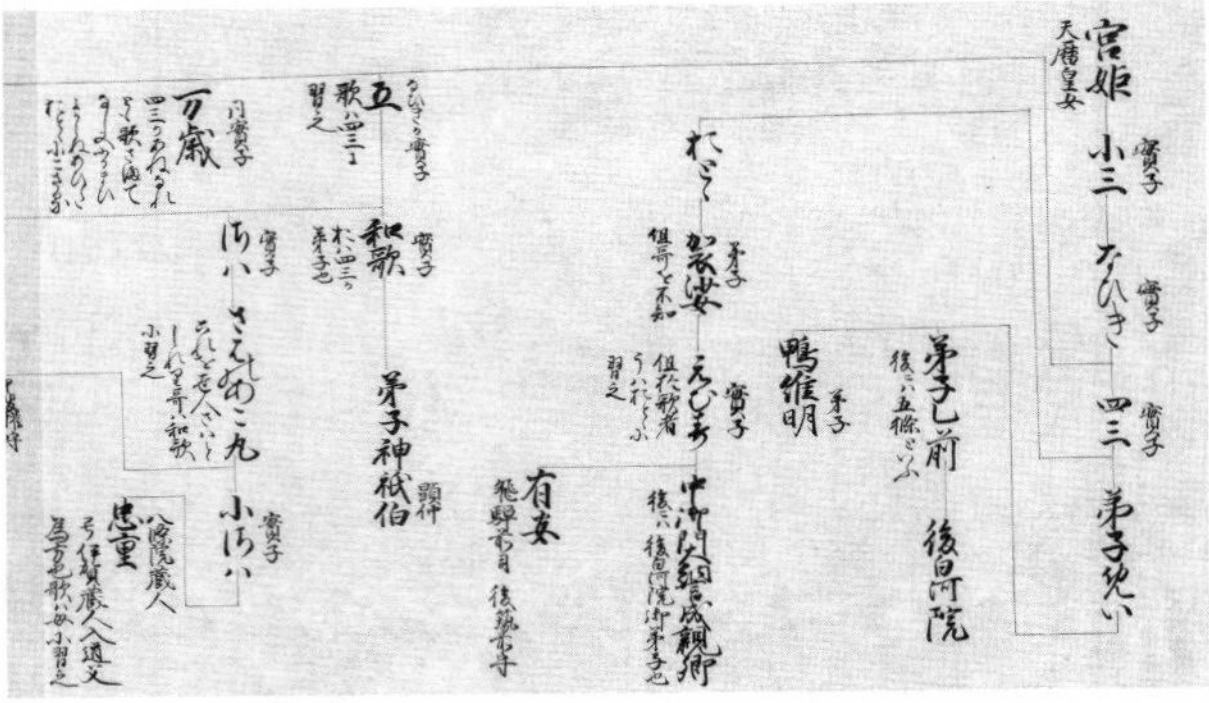

図6-2　「今様之濫觴《いまようのらんしょう》」
（13世紀後半頃成立か。公益財団法人前田育徳会蔵）

いう流行歌の歌い手として尊重されました。

「餓鬼草紙」で貴族男性に交じって宴会に参加する女性たちは、鼓《つづみ》を持つこと、口を開けて歌を歌っていること、男性のすぐ横に座っていることなどから、遊女と判断できます。御簾《みす》の奥にいて、男性に顔を見せたり声を聞かせたりしてはいけなかった貴族女性との違いが見て取れます。

「今様之濫觴」からは、今様を家業として母から娘へ代々芸を受け継いできた遊女（傀儡子《くぐつ》）たちの姿がうかがえます。遊女の名前の横にある「實（実）子」の注記から、遊女の家族関係や、今様における女系実子相続の重視について知ることができるのです。遊女たちの多くが男性の貴族・官人を弟子にしている点も注目されます。

経営権を失った遊女たち――『安土日記《あづちにっき》（信長公記《しんちょうこうき》）』

　中世には遊女自身が経営権を握っていました。その仕事は母から娘へと受け継がれる家業であり、遊女たちの集団もありましたから、誰でも遊女になれるわけではありませんでした。ところが戦国時代以降になると、遊女屋の男性経営者が人身売買によって女性を集め売春を行わせるようになります。この現象は遊女が経営権を失い、排他的な遊女集団が崩壊したことを意味しています。

『安土日記』（織田信長の一代記『信長公記』の異本）には、京都に住む女性が八〇人程の女性を誘拐して堺に売り飛ばしたと書かれています。類似の事件からみて女性たちは遊女屋に売られた可能性が高く、この頃には人身売買のルートができていたことをうかがわせます。

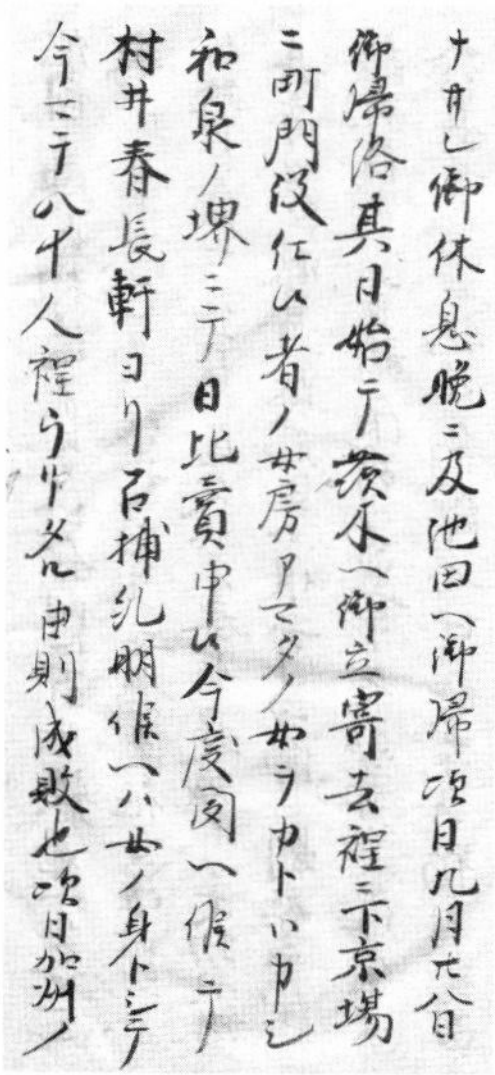
ナサレ御休息暁ニ及池田ヘ御帰昨日九月廿八日
御帰洛其日始テ茨木ヘ御立寄去程ニ下京場
ニ町門役仕ル者ノ女房アマタノ女ヲカトハカシ
和泉ノ堺ニテ日比売申ル今度関ヘ候テ
村井春長軒ヨリ召捕糺明候ヘハ女ノ身トシテ
今マテ八十人程ウリ候ル由申則成敗也昨日加州ノ

図6-3　『安土日記（信長公記）』（1579〈天正7〉年9月28日条。国立公文書館蔵）

二、近世遊廓の成立—商品化される遊女

幕府が遊廓を公認

江戸時代になると、幕府は、江戸の吉原遊廓（のちに移転して新吉原という）をはじめ、京都、大坂などの遊廓を公認するようになります。このような動きは豊臣秀吉の時期からはじまりました。

図6-4「諸国《しょこく》繁栄《はんえい》遊興《ゆうきょう》寿《す》語六《ごろく》」は、新吉原を頂点として、全国の宿場や港町、鉱山町など、さまざまな場所で買売春が行われた状況を示すものです。幕府は、江戸新吉原のほか、京都島原、大坂新町、長崎丸山などに幕府公認の遊廓設置を許し、それぞれの遊女町に営業の

図6-4　「諸国繁栄遊興寿語六」(部分)

「上り(新吉原)」の付近。左下から、長崎丸山(ながさきまるやま)、長州下ノ関(ちょうしゅうしものせき)、甲府柳町(こうふやなぎまち)、品川(しながわ)、駿府二丁町(すんぷにちょうまち)。

(1863〈文久3〉年。2代歌川国貞画。国立歴史民俗博物館蔵)

独占を認める一方、その都市の売春を管理させ、非合法の売春を取り締まるなどの役を課しました。宿場や港町などには、旅籠屋《はたごや》などに飯盛女《めしもりおんな》や洗濯女などを抱えることを黙認し、収益の一部は宿場財政などに組み込まれていきました。公認遊廓の遊女や飯盛女だけでなく、夜鷹《よたか》とか船饅頭《ふなまんじゅう》など非合法の売春を行う売女《ばいじょ》もあらわれます。しかし、遊廓の遊女には遊女屋、飯盛女には飯盛旅籠屋、さらに夜鷹にも夜鷹を管理し収益を吸い上げる夜鷹屋がいたように、業者が女性を抱えて売春をさせるという点で、中世とは大きく異なる状況が生まれたのが江戸時代でした。この双六は、そのようなさまざまな形の買売春が全国に広まり、その頂点が新吉原遊廓だったことを物語っています。

幕末には、江戸新吉原遊廓の遊女屋は、売り上げの一割を町奉行所に上納していました。維新後、東京府もこれを引き継ぎましたが、慶応三年九月（旧暦）から一年間の市中からの収入総計一〇万四〇〇〇両余のうち、七・八パーセントが新吉原、一四・四パーセントが深川の遊女屋の上納金でした。維新前後の遊廓が江戸・東京の財政を支える、公的かつ不可欠な存在であったことがわかります。

商品となった遊女の身体

遊女たちの身体は、商品として位置づけられていました。

図6-5は、反故紙《ほごし》、つまり要らなくなった紙をつなぎ合わせて着物を包む「畳紙《たとう》」として再利用したもので、仏光寺《ぶっこうじ》という准門跡《じゅんもんぜき》の寺院が行った、「名目金貸付《みょうもくきんかしつけ》」という金融に関わる証文類が貼り継いであります。信濃国《しなののくに》、現在の長野県の豪農がこの貸付に出資をし、融資した相手の多くは新吉原の遊女屋でした。また、反故紙には、遊女屋が仏光寺の貸付所から融資を受けるにあたり、若松、一本、住の江という三人の遊女を担保商品として差し出したことが書かれています。性的サービスを強制されるだけでなく、遊女の身体そのものが土地や建物と同様に担保商品として扱われており、江戸時代の買売春は、このような人身売買をもとに成り立っていたことがわかります。

幕府は、一般的には人身売買を禁じていましたが、遊女として売られる際には、遊女奉公証文、すなわち「雇われる」という形の証文が作られたので、問題にしませんでした。しかし、このような人身売買は、明治維新後に大きな問題となりました（一五三頁）。

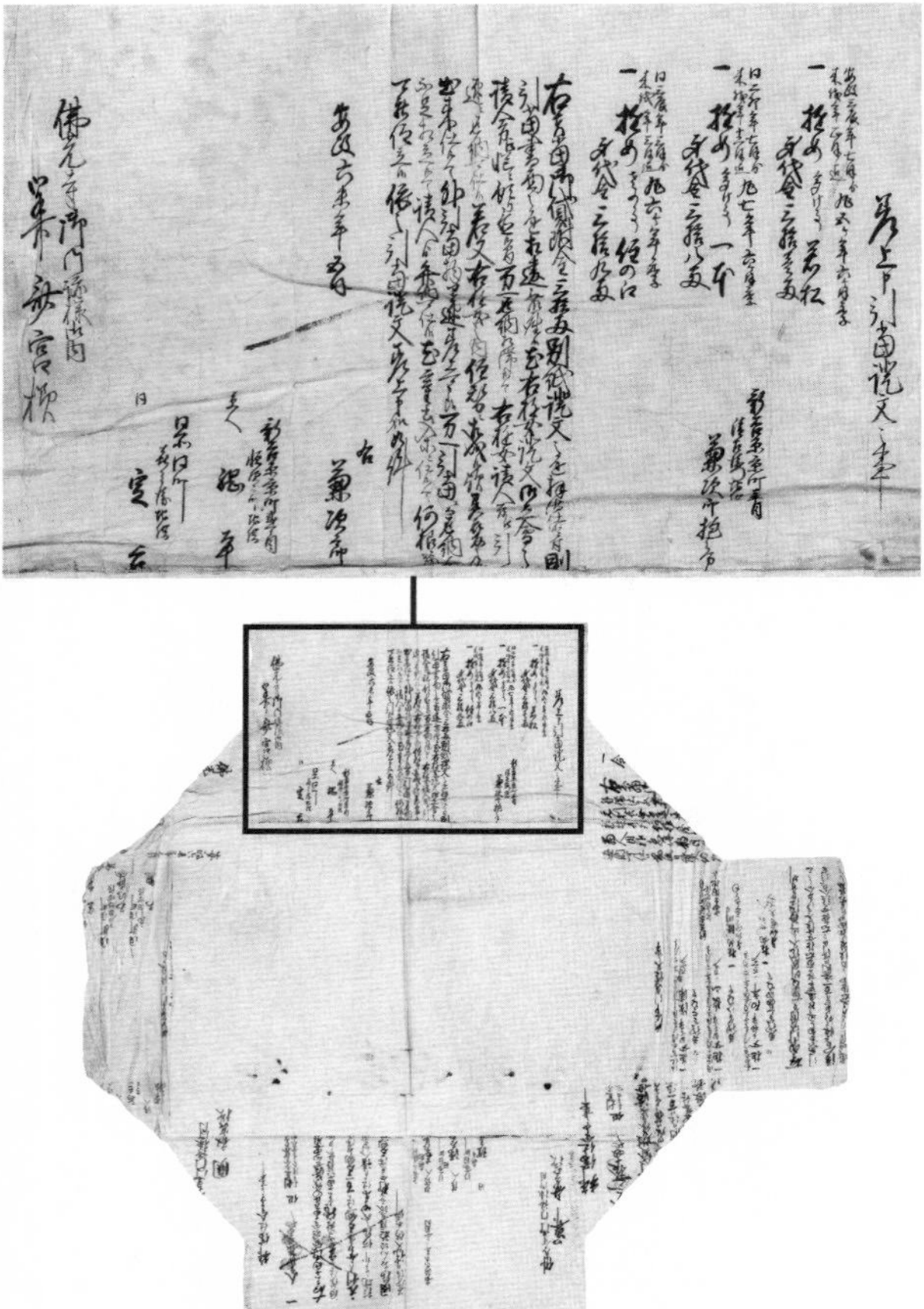

図6-5　仏光寺准門跡貸付所反故証文貼継ぎ

下：「畳紙（たとう）」。上：「畳紙」の□で囲んだ部分を拡大。
返済困難の際は、保証人（遊女屋）が担保を引き取り返済した。（1858・59〈安政5・6〉年。中野市立（仮称）山田家資料館蔵）

コラム　信濃に残った資料が語る新吉原遊廓の金融ネットワーク

北信五岳に囲まれた千曲川《ちくまがわ》流域——新吉原遊廓の遊女の手紙や金融を物語る資料は、北信濃の豪農の文書の中に残されていました。豪農の一つ坂本幸右衛門家に残された横帳《よこちょう》（横に長い帳簿）の表題には「新吉原町・浅草田町御貸附金調帳」という字が含まれています。

この帳簿、吉原の遊女屋の借金の焦げ付き高が書いてあるのですが、いったいだれが遊女屋に貸付をしているのでしょうか？「御」の字を付けて敬っているのはなぜ？信濃の豪農と新吉原遊廓にいったいどん

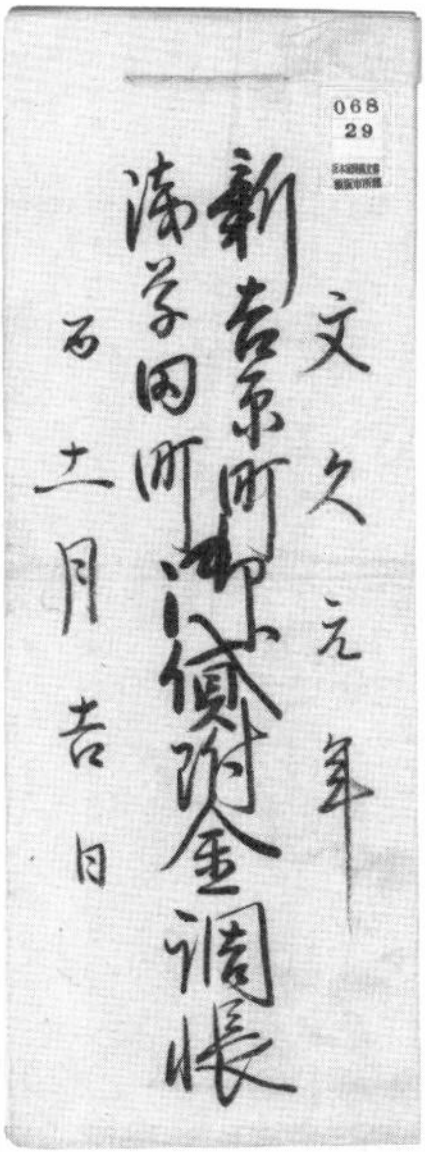

図6-6　「新吉原町・浅草田町御貸附金調帳」
（1861〈文久元〉年。須坂市文書館蔵）

な関係が？　関係する文書から判明したのは、次のような事情です。

一八世紀以降、幕府は金銭の貸借のトラブルは相対《あいたい》で解決するものとし、取り立てには一切関与しませんでした。ただし、例外として、有力寺社や皇族、摂関家、御三家（尾張《おわり》・紀伊《きい》・水戸《みと》徳川家）などが建物の修復などの名目で貸付を行う場合に限り、返済が滞った場合には、幕府が代わって取り立て、債権を保護しました。これが、前に述べた「名目金貸付」です。**図6-6**の表題は、有力寺院の金融であるために「御」が付くのです。

「名目金貸付」は幕府の保護を受けられるので、余裕のある商人や豪農は、寺社などに投資して貸付の利益を得るようになっていきました。信濃の豪農たちも、仏光寺などの名目を使って、さかんに江戸で貸付を行います。新吉原遊廓の遊女屋たちは、その重要な顧客でした。

史料を読み解いていくうちに、新吉原遊女の性の搾取による収益は、遊女屋はもちろん京都の有力寺院、長野の豪農、そして江戸町奉行所と、体制に深く組み込まれている…こうしたことが芋づる式にわかってきます。

性を買う男たち――江戸の大店《おおだな》

江戸時代の後期になると、どのような人々が遊廓のお客であったのかが、史料から細かくわかるようになります。新吉原の場合、上得意は両替商や木綿《もめん》問屋など大店の手代、つまり奉公人《ほうこうにん》や、参勤交代で江戸に来ている武士などでした。

江戸時代の大店では、少年時代から住み込み奉公で、四〇歳近くまで独身男性のみの集団生活を送ります。店の経営者は、手代たちが新吉原で遊興することを容認し、特定の出入りの茶屋を通じて遊び方に介入し、長期にわたる奉公生活を続けさせ、手代たちを管理する手段としていました。茶屋と店の間で、手代たちの階級に応じて遊興の時間や酒肴《しゅこう》の有無を決める「定」などを作り、地位が上がるにつれて、性的な遊興の自由の度合いが増す仕組みが整えられていきました。

一方で、三井越後屋や白木屋などの大店では、手代が横領や商品の横流しで金を作っては、遊廓での遊興につぎこむ不正が多発し、時には深刻な結果をもたらすこともありました。大店は、これを男性のみの集団では根絶しがたい問題と見なし、特定の茶屋と提携して、管理下に置こうとしたのでしょう。

図6-7　「浮絵《うきえ》駿河町《するがちょう》呉服屋《ごふくや》図《ず》」(部分)
三井越後屋江戸本店の店内。客の相手をしている奉公人はすべて男性で、その人数はこの時期300人を超えていた。(1768〈明和5〉年。歌川豊春(とよはる)画。公益財団法人三井文庫蔵)

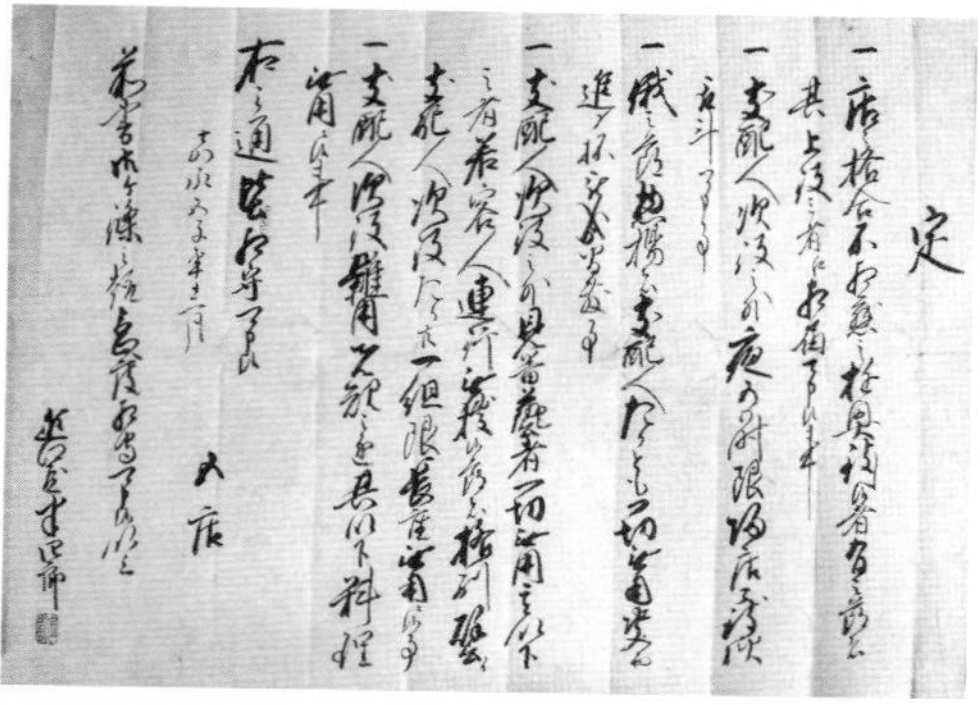
定

図6-8　「定」
伊勢商人の代表格である大伝馬町の木綿問屋長谷川家が、新吉原江戸町2丁目の茶屋近江屋半四郎に申し渡した手代の遊興の規定。支配人、次役以外は、芸者を呼んだり、午後8時以降に帰店することは許されなかった。(1852〈嘉永5〉年。旧長谷川治郎兵衛家蔵)

三、遊女の群像

ランキングされる遊女—『吉原細見《よしわらさいけん》』

　遊女たちはどのような生活を送っていたのでしょうか。

　『吉原細見』は、店の場所や格と、その店の遊女名を記した小さなガイドブックです。一九世紀には、年に二度ほど刊行され、江戸の出版物の中でも大変よく売れました。しかし、『吉原細見』は、客にとって便利なガイドブックであるだけでなく、遊女屋が遊女を管理し競争を煽《あお》る役割も帯びていました。

　遊女たちの序列は揚代金《あげだいきん》や時間によって細かく定められ、ランキングの順に『吉原細

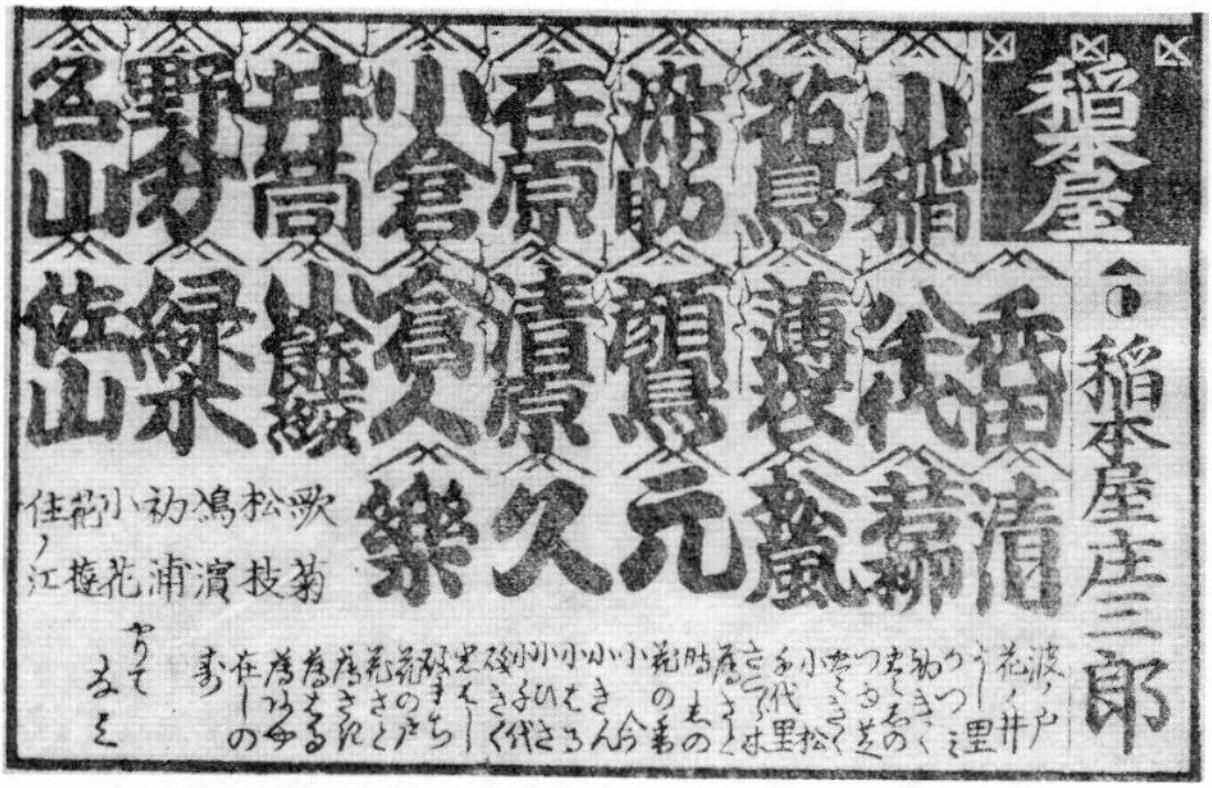

図6-9　『吉原細見』 稲本屋では、小稲（こいな）の名が先頭に記されている。147頁参照。（1870〈明治3〉年。個人蔵）

図6-10　「近世職人尽絵詞」下巻
画面中央上にゆったりと描かれた扇屋宇右衛門の抱え遊女花扇。老舗の茶屋駿河屋で客を待つ風景である。(鍬形蕙斎画、山東京伝〈さんとうきょうでん〉詞。文化年間〈1804-18〉頃。東京国立博物館蔵、出典：ColBase)

見』に記されます。その順位は、毎日遊女たちが通りに面した店内で客を待つ張り見世の座順と同じで、目に見える形で示されました。しかも、順位は遊女屋が自由に入れ替えることができたため、遊女同士の競争を煽ったり、管理したりするのに大変役立ったのです。『吉原細見』で各店のトップに位置付けられた遊女は、遊女屋の意図を汲み、まわりの遊女たちを叱責したり取り締まったりすることもありました。また、遊女たちの意見をまとめて、遊女屋に要求することもあり、遊女たちに頼りにされている例もあります。

　文化年間頃、鍬形蕙斎《くわがたけいさい》の描いた「近世職人尽絵詞」下巻には、老舗の茶屋駿河屋《するがや》で客を待つ扇屋《おうぎや》宇右衛門《うえもん》抱え遊女のトップ花扇《はなおうぎ》が描かれています。

遊女屋と遊女の広報戦略—高橋由一《たかはしゆいち》「美人（花魁《おいらん》）」

この油絵は、一八七二（明治五）年に洋画家として名高い高橋由一が描いたものです。明治初期の新吉原は、維新の混乱から衰微を極めていました。そこへ、もう廃れてしまった古い髪型を最新の油絵の技法で描くという、話題づくりにはぴったりの提案がされ、新吉原遊廓の稲本屋とトップの遊女であった四代目小稲《こいな》がそれを引き受けたものです。しかし、由一はリアリティーを追求した画家であり、浮世絵のように理想的な美女として描かれることを期待していた小稲は、出来上がった絵を見て怒り、泣いたと伝えられます。

図6-11　高橋由一「美人（花魁）」
（1872〈明治5〉年。東京藝術大学蔵、DNPartcom）

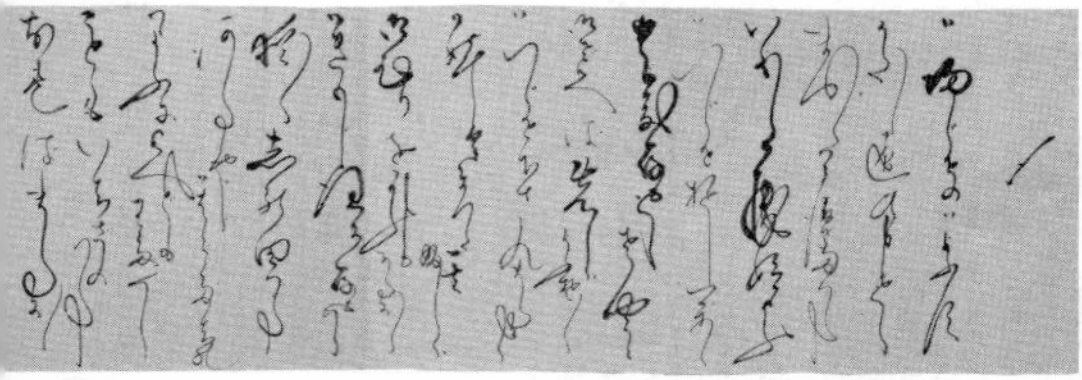

コラム　遊女三代目小稲の手紙

油彩画に描かれた遊女小稲（四代目）は、稲本屋の売れっ子遊女でした。ここでは、三代・四代小稲の手紙や関連資料から、維新期の遊女や遊廓の様子をみてみましょう。

先に見た信濃の豪農坂本家には、幕末の稲本屋の遊女たちの書状が何通も残されています。**図6-12**は、一八六三（文久三）年の、由一のモデル四代目小稲の姉女郎にあたる三代目小稲の手紙です。当主坂本幸右衛門に、「兄様」と呼びかけ、「よくいらしてくださり、うれしく」と礼を述べる一方、「どこの見世にかよっていらっしゃるのか、他人事ではなくうらやましいけれど、その方と遊んだその帰りがけでもいいですから、ほんのちょっとでもいらしてくださいね」と控え

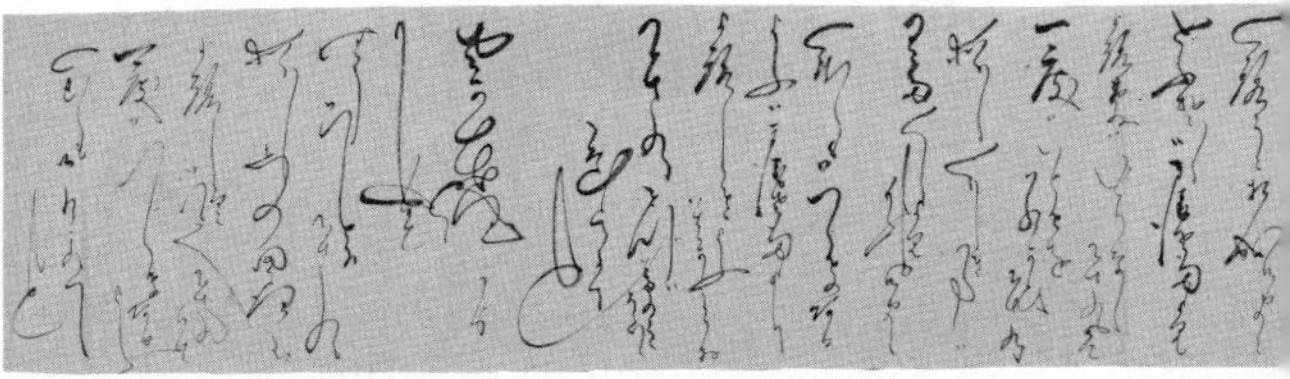

図6-12 「稲本屋抱え遊女三代目小稲の坂本幸右衛門宛の手紙」
小稲のような高級遊女は、かな文字中心の書状を書くために一定の修練をつんでいた。（1863〈文久3〉年。須坂市文書館蔵）

めに甘える言葉などが記されています。それだけでなく、坂本らが遊興に訪れた際に機嫌を損ねてしまった客についてそのとりなしを頼み、粗品も添えるなど、大変細やかな気配りもうかがえます。

実は、この頃、信濃国の村々には、莫大な助郷《すけごう》（公用人馬の提供）が課せられていました。和宮の降嫁、尾張藩主の上京、そして長州戦争と、幕末の動乱を起点とする重い負担に苦しんでいた百姓たちは、助郷撤回闘争に立ち上がり、その代表として坂本らを江戸に送り込んだのです。坂本たちは、江戸でさまざまなルートを使って歎願する一方、関係する代官所の下僚らを吉原で接待しました。小稲やまだ左近と名乗っていた四代目小稲らは、このような事情を呑み込んだ上で、細やかな心遣いをしながら座興や性的接待にあたりました。これらの手紙は、接待を受ける江戸の武家たちにとって、新吉原遊廓での買春が当たり前の行為として受けとめられていたことを物語っています。

遊女屋の非道を訴えた放火事件—『梅本記《うめもとき》』

『梅本記』は一八四九（嘉永二）年に集団放火事件を起こした梅本屋の遊女の調書や日記で、裁判の証拠書類として作成されたものです。遊女の生活や意識を語る大変珍しい資料です。

新吉原梅本屋は、佐吉という人物が経営していた中規模の遊女屋です。そこでの劣悪な待遇や過酷な暴力、「仕舞金《しまいきん》」という経済的な負担に耐えかねた遊女たち一六人は、一年以上も合議を重ね、大火にならぬよう細心の注意を払って放火をし、新吉原の行政を担当する名主のもとに「今、火をつけた」と自首をして、佐吉の非道を訴えました。

放火に至った遊女たちのうち三名の遊女、豊平、桜木、小雛の日記やその写しには、彼女たちの心情が、率直に書かれています。小雛という遊女は、日記の中で毎日の食事なども詳細に記していました。

新吉原の遊女たちの食事は、朝晩二度です。梅本屋の食事は、大変劣悪なもので、遊女たちは、あれこれやりくりをし、焼き芋を買い食いしてしのいだりしていました。仕置（暴力）も公認されており、日常的に激しい暴力もふるわれていました。

次に紹介する遊女の日記は、桜木という梅本屋抱え遊女の自筆の日記です。新吉原遊廓での凄惨な日常を、ほぼひらがなだけで綴ったものですが、遊女たちはその苦しみを「書く」ことで吐き出し、自らをみつめながら自己形成を遂げていきました。

図6-13 『梅本記』参
（東北大学附属図書館蔵）

十二月三日のばんニハ、きやくじん（客人）がふたいり（二人）ありまして、その

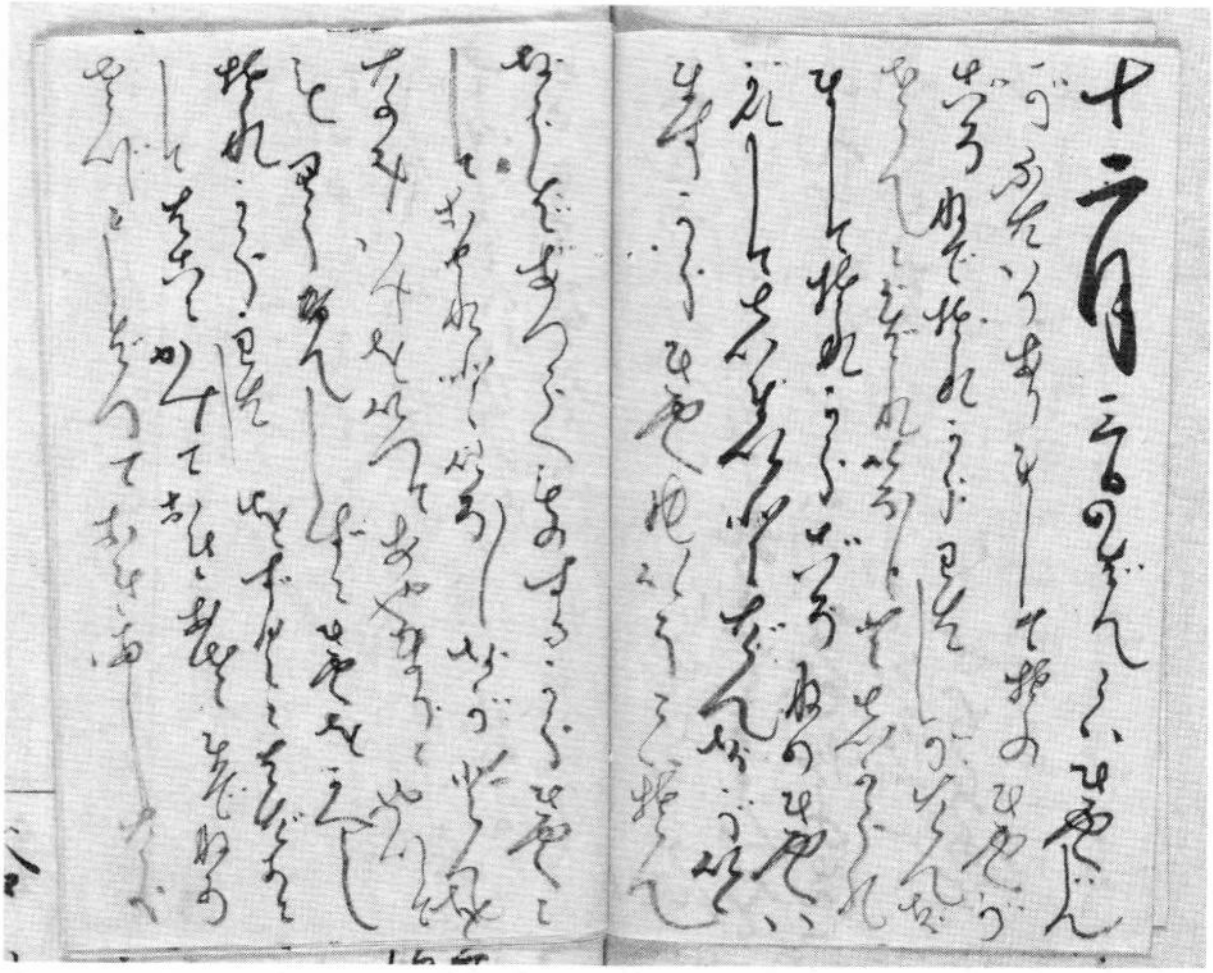

図6-14　『梅本記』の中に綴じ込まれた桜木の日記「おぼへ長《ちょう》」（部分）（1846〈弘化3〉年。東北大学附属図書館蔵）

きやく（客）がごろね（寝）で、それからわたしがたんな・やりて（旦那・遣り手）ニよばれ、いろ〳〵としかられまして、それから、ごろねのきやくハかいしてしまい（帰してしまえ）と、だんな（主人佐吉のこと）がいゝますから、きやくのいうニハ、そんならば、あつらへもの（誂え物・酒食の注文）するから、きやくニしておくれと、いろ〳〵ながとん（男性奉公人の名）をたのみ、ハけ（訳）をいつてあやまりニやつても、りうけん（了簡）しずニきやくをかへし、それからわたしをずくニはだかニして、はこニかけておき、あさまでねかさづニしばつておきましたよ、そしてそのあしたもおまんまもたべさせづニ、四日のばんかたまで、はこニかけておきまして、それからひのくれかたニ、よふ〳〵なハ（縄）をほどき、すぐみせいたしましたよ

四、芸娼妓解放令の衝撃

人身売買の禁止—「芸娼妓解放令《げいしょうぎかいほうれい》」

明治維新を機に、日本は近代化を目指すことになります。一方、一九世紀半ばには、世界的に人身売買をなくし、奴隷制に反対する動きが活発になっていました。近代国家が遊女の人身売買を容認しているということは外交上も問題であり、明治政府は「芸娼妓解放令」と呼ばれる一連の法令を発して、遊女や芸者などの人身売買を禁止し、彼女たちを解放することを命じました。

しかし、この法によって、遊女たちは自らの「自由意思」で売春をする娼妓とされ、それまでの遊女屋や抱え主は娼妓に営業のための場所を貸す「貸座敷」業であると、新たに

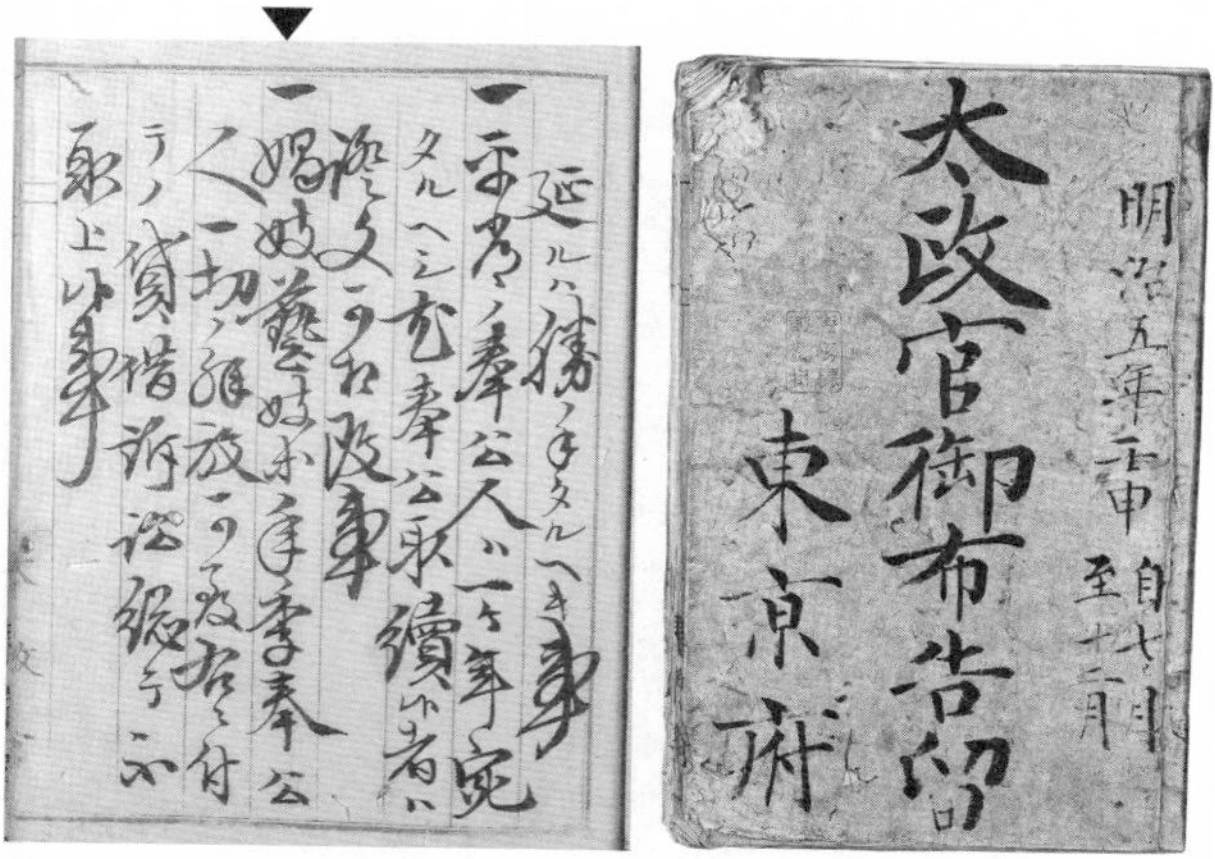

図6-15 『太政官御布告留』 表紙、および人身売買を禁じた「太政官布告第295号」の一部。「娼妓芸妓等年季奉公人、一切解放致すべし」の項がある。（1872〈明治5〉年。東京都公文書館蔵。重要文化財）

定義し直されました。現実には親の借金などのために身売りをさせられる女性はその後もあとを絶ちませんでしたが、建て前ではあくまで自分の意思で売春をする存在とされたのです。その結果、娼妓たちに対して「みだらな女」という差別的なまなざしも強くなっていきました。

解放を願う新吉原の遊女たち

一八七二（明治五）年一〇月二日の「芸娼妓解放令」は、人身売買禁止と遊女や芸者等の即時解放を命じるものでした。しかし、すぐに解放令が実施されたのは、外国人の目のある横浜のみ。新吉原は様

図6-16　「吉原売女解放退散雑踏の図」（1880〈明治13〉年。揚州周延画。宮武外骨編『明治奇聞』第3編）

子見状態でした。一〇月四日には、江戸町二丁目の遊女たちの名前で、『官許横浜毎日新聞』に投書が載りました。「横浜の花魁《おいらん》ばかり自由の身になり、我が身たちは苦界に沈」むなんてことは「文明開化のお上にては御座なき」はず！　と。同様の投書が続き、新聞社はこういう投書は「もう掲載しない」と発表したほどです。その後、九割近くの遊女が新吉原を出ます。**図6-16**は、後にその状況を描いた絵です。

しかし、戻る先は自分を売った親元や人主《ひとぬし》（前の抱え主や女衒《ぜげん》）。彼らは、戻って来た遊女を再び「娼妓」として働かせようとします。東京府文書「娼妓解放」に登場する遊女「かしく」は、下男竹次郎との結婚を東京府に嘆願し、解放を勝ち取ろうとした女性です。

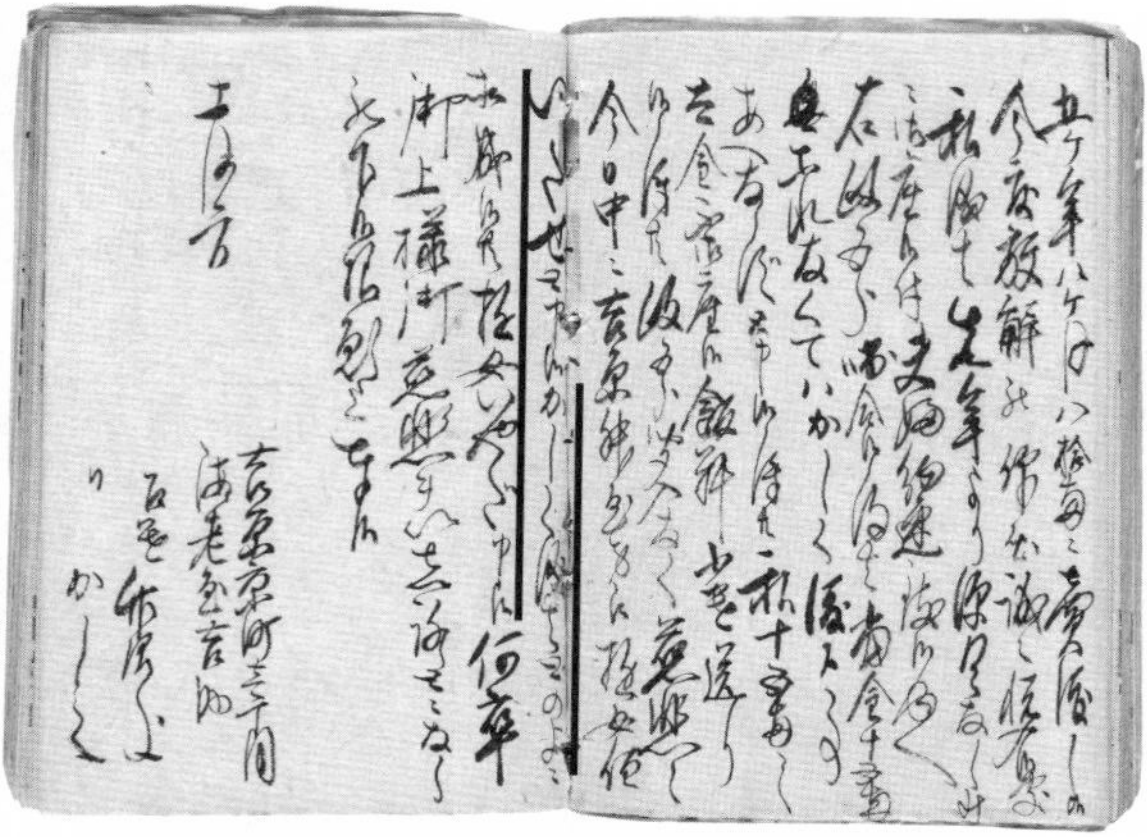

図6-17　「遊女かしく嘆願書」
傍線部に「かしく儀は、どのよニ相成候共、遊女いやだ申候」とある。（「娼妓解放　二」、1872〈明治5〉年。東京都公文書館蔵。重要文化財）

竹次郎とかしくの嘆願書は拙い文字・文章で書かれていますが、「かしく儀は、どのよニ相成候共、遊女いやだ申候」という言葉は、遊女かしくの必死の姿を物語ります。しかし、東京府は出願を却下。その願いはかないませんでした。

芸娼妓解放令後の新吉原遊廓は、数年間、『吉原細見』も刊行できないほど衰微し、近代遊廓として本格的に復活したのは、明治一〇年代以降でした。そして、実際は親などによる身売りなのに、娼妓たちには、自ら売る「みだらな女」というまなざしが向けられていきました。

五、近世遊廓の再編と近代公娼制度の展開

近代公娼制度の開始

明治政府は遊女屋を貸座敷、遊女を娼妓と称してこれらを公認し、娼妓は座敷を借りて「自由意思」で性を売る存在であるという建て前を打ち出しました。しかし、現実には娼妓は貸座敷に拘束されて、廃業の自由なく性を売らされていたというのが実態でした。遊廓の管理は各府県の警察に任され、貸座敷営業と娼妓稼業は特定の地域に限定して公認するという集娼制度が採用されました。そして娼妓には定期的な性病検査が義務づけられました。

近世以来の遊廓に加え、軍隊の駐屯地や

図6-18　「歩兵第二連隊凱旋記念佐倉遊廓ハンカチ」(明治時代。国立歴史民俗博物館蔵)

近代以降産業の発展した地域、植民地都市などに新たな遊廓が設置されていきました。**図6-18**は歩兵第二連隊（明治四二年からは歩兵第五七連隊）が駐屯していた千葉県佐倉の遊廓で、日露戦争の戦勝を祝って作ったハンカチです。

近代公娼制度における医療

性売買の近世と近代を隔てる変化の一つに「医療」があります。近世には存在しなかった性病検査（検梅）は、近代公娼制度において重要な位置を占めることになりました。娼妓が梅毒をはじめとする性感染症にかかっていないか、毎週検査をして確かめていたことを示す帳簿が、各地に残されています。

図6-19「娼妓の診断書」は、栃木県塩谷《しおや》郡《ぐん》喜連川《きつれがわ》（現さくら市）の喜連川病院で行われた松並遊廓の娼妓の診断と治療の記録の一部で、七〇点以上が残っています。これらの資料群は地元の研究団体「塩谷医療史研究会」の調査で見いだされたものです。

図6-21「楳毒《ばいどく》検査場」看板は、群馬県玉村町の薬局に保存されていたものです。旧玉村宿は日光例幣使《れいへいし》街道の宿場の一つで、近世には飯盛女《めしもりおんな》を置く飯盛旅籠があり、明治以降

も貸座敷の公認地となったため、娼妓の検梅が行われていました。

　二〇一八年に玉村町歴史資料館にて開催された企画展「医療と玉村町」で紹介された史料です。

図6-21　「楳毒《ばいどく》検査場」看板
（玉村町教育委員会蔵）

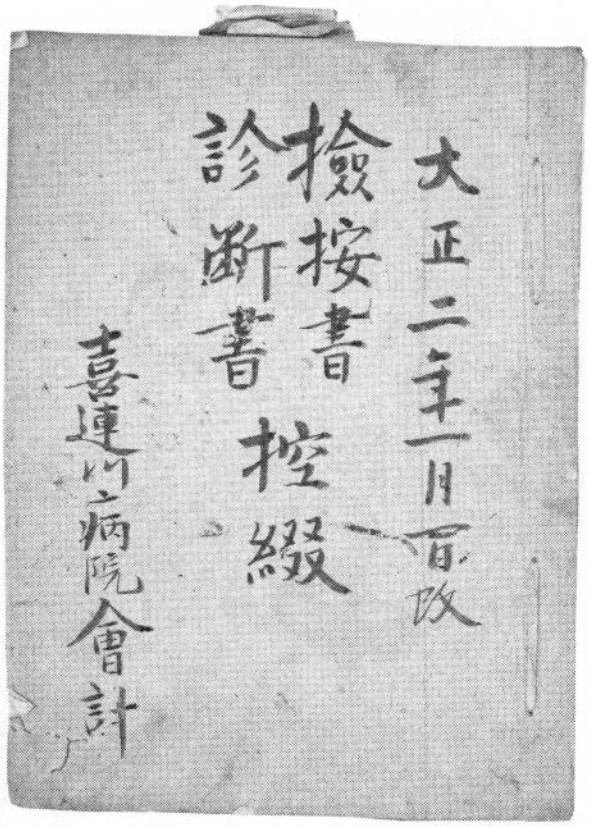

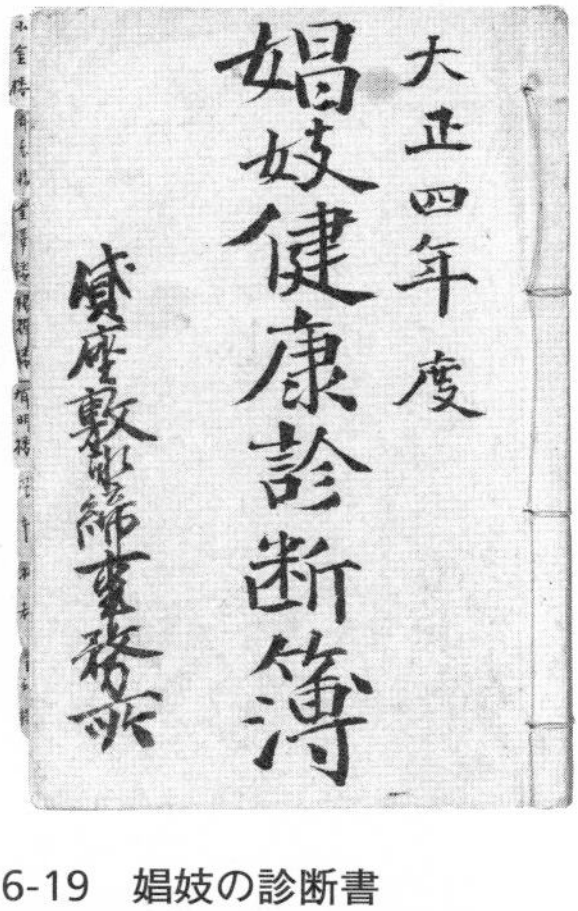

図6-19　娼妓の診断書
（喜連川病院「検按書診断書控綴」1913〈大正2〉年。個人蔵）
図6-20　米沢市福田遊廓 娼妓健康診断簿
（1915〈大正4〉年。大阪人権博物館蔵）

性を買う男たち―近代

近代の遊廓では、警察によって遊客名簿の作成が義務づけられていました。図6-22「遊客帳」には、登楼した男性遊客の名前・住所・年齢・職業・風貌のほか、消費した金額や相手の娼妓の名前などが記されました。

横田冬彦氏による「遊客名簿」の研究では、一九一〇～二〇年代に、都市部を中心に「ふつう」の男性たちが日常的な生活空間で買春する「大衆買春社会」が到来したとされています。一九三〇年代には農村にも買春が広がります。一九二〇年代の全国の遊客数は二二〇〇万人前後でしたが、日中戦争が全面化した一九三〇年代後半には、全国の年間遊客数は三〇〇〇万人を突破しました（表1）。近代日本は、男性が遊廓で女性の性を買うことにきわめて寛容な社会でした。

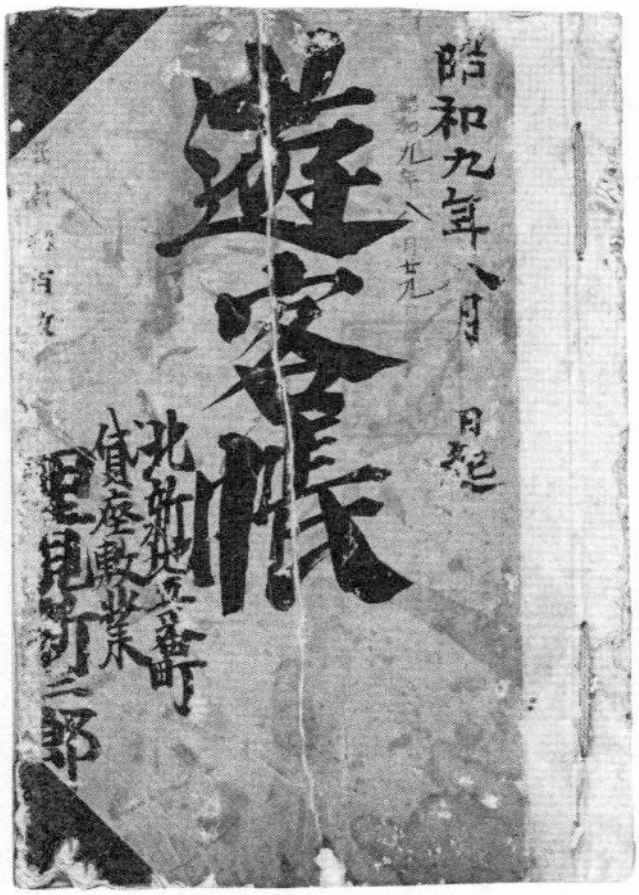

図6-22　「北新地五番町遊廓遊客帳」（1934〈昭和9〉年。個人蔵）

表１　内地における遊客数の推移

年	遊客数
1924	23,405,397
1925	22,130,512
1926	22,587,440
1927	22,273,849
1928	22,794,221
1929	22,360,170
1930	21,827,730
1931	22,393,870
1932	22,736,341
1933	24,922,504
1934	25,838,776
1935	27,278,106
1936	28,063,451
1937	30,818,981
1938	33,486,192
1939	33,029,826

作成：人見佐知子

『日本帝国統計年鑑』各年版および
内務省警保局『警察統計報告』各年版より

変わらない「身売り」の実態

近代公娼制の下で、娼妓は「自由意思」にもとづいて性を売るものとされました。しかし現実はそれとはほど遠く、家の都合や親の借金による身売りが継続しました。身売りの代金（前借金《ぜんしゃくきん》）は親が受け取り、娼妓となった娘はそれを、年季中に貸座敷で性を売った代金（揚代金《あげだいきん》）から返済しなければなりませんでした。しかし娼妓の取り分は少なく、その少ない取り分から借金や利子を返済し、必要経費などを支払わねばならなかったため、借金が減るどころか増加することもしばしば起こりました。

図6-23は、新潟県出身のイキという一八歳の女性が、一九〇一（明治三四）年に長野県の飯田遊廓で娼妓として働くことになった際の書類の一部です。同じく飯田遊廓に残された資料として、娼妓ごとの収支を楼主が記録した「計算帳」もあります。これらは、娼妓の身売りの背景や、前借金の返済

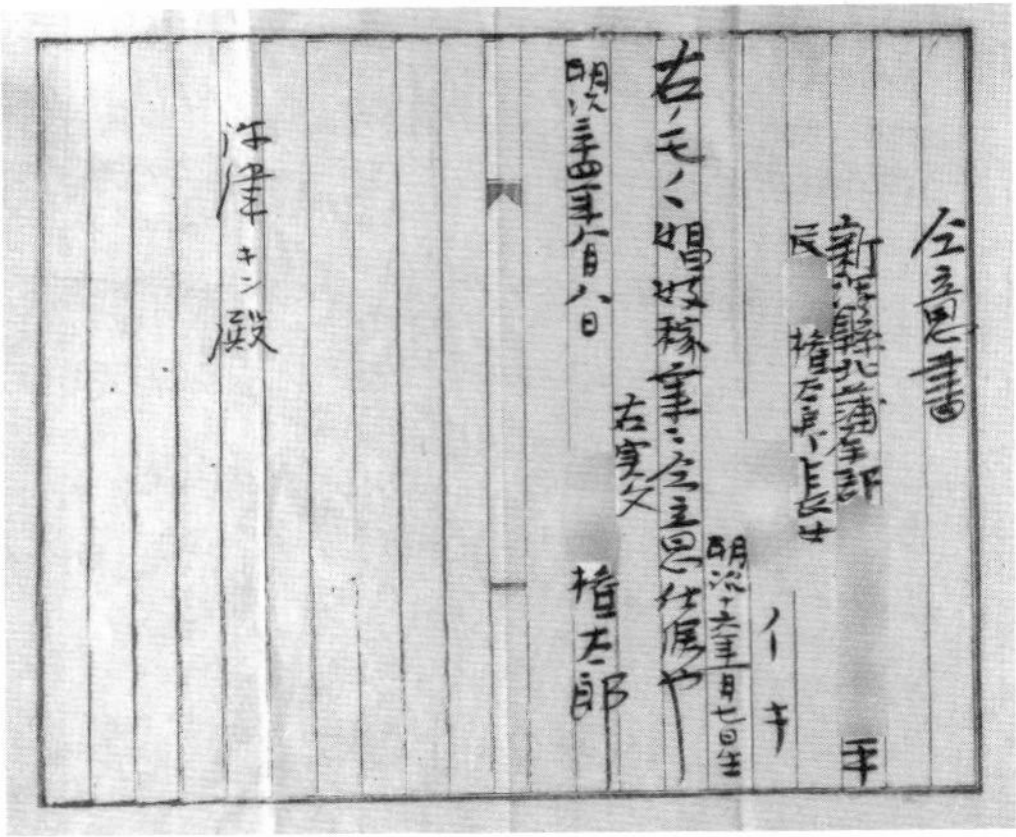
同意書
イキ
右ノモノ娼妓稼業ニ同意仕候也
右実父
明治三十四年八月八日
キン殿

図6-23　同意書

親が娘を娼妓にするためには、借金の返済のために娼妓となることに娘が同意したという証明書を作り（上記写真）、その上で、実父が妓楼主に対して警察への届け出や稼業料、身体、転楼、廃業、縁談など総てを委ねる委任状、医師の診断書を整え、最後に娘自身が警察に娼妓名簿登録の申請書を提出した。（1901〈明治34〉年8月8日。個人蔵）

の困難さを具体的に示す貴重な資料です。

公娼制度と芸娼妓紹介業

近代公娼制度のもとで、娼妓たちを貸座敷に斡旋《あっせん》したのは、芸娼妓紹介業者です。女衒《ぜげん》や周旋業者とも呼ばれました。事実上の人身売買の担い手である紹介業者を日本政府が公認していたことは、廃娼運動の世界的な高揚の中で国際的に問題となりましたが、これが禁止されることはありませんでした。

「芸娼妓紹介簿」（図6-24）は、石川県金沢市で芸娼妓紹介業を営んでいた小原トヨが作成した帳簿です。各娼妓の前借金額、年季、契約条件などが記されています。帳簿には、同じ女性が何度も登場しており、彼女たちが「住替《すみか》え」（貸座敷を移動すること）を繰り返していたことがわかります。

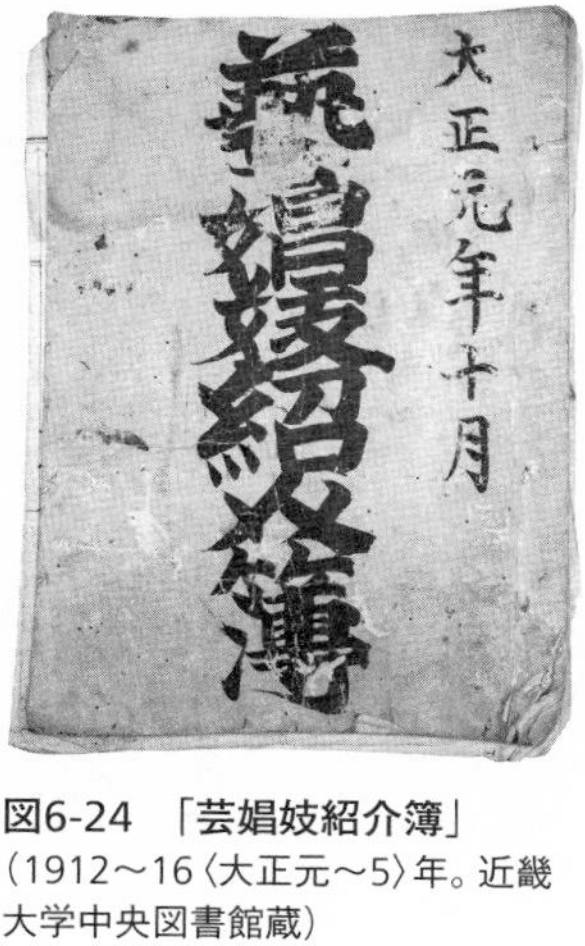

図6-24 「芸娼妓紹介簿」
（1912～16〈大正元～5〉年。近畿大学中央図書館蔵）

住替えは、たいていの場合、前借金を増やし、年季を延長する結果となりました。にもかかわらず、女性たちは自ら住替えを望むこともありました。小原トヨのもとには、娼妓たちが住替えの斡旋を依頼する手紙が多数寄せられています。なぜ、彼女たちは住替えを望んだのでしょうか。

今よりマシな境遇を求めて――「娼妓の手紙」

「娼妓の手紙」(図6-25)は、より条件の良い貸座敷への住替えを望む娼妓「初枝」が、芸娼妓紹介業の小原に宛てた手紙です。初枝は、今いる貸座敷の待遇の劣悪さや、前借金返済の見込みが無いにもかかわらず、兄からの執拗な金の無心に苦しめられていることなどを拙い文字で切々と訴えました。

手紙からは、〈今よりマシ〉な境遇を求めて苦闘する娼妓たちの姿がうかがえます。身売りや性売買が当然視されていた時代に、娼妓たちが、人身売買の担い手であった芸娼妓紹介業や前借金契約を合法化していた公娼制度そのものを批判することは、大変困難なことでした。

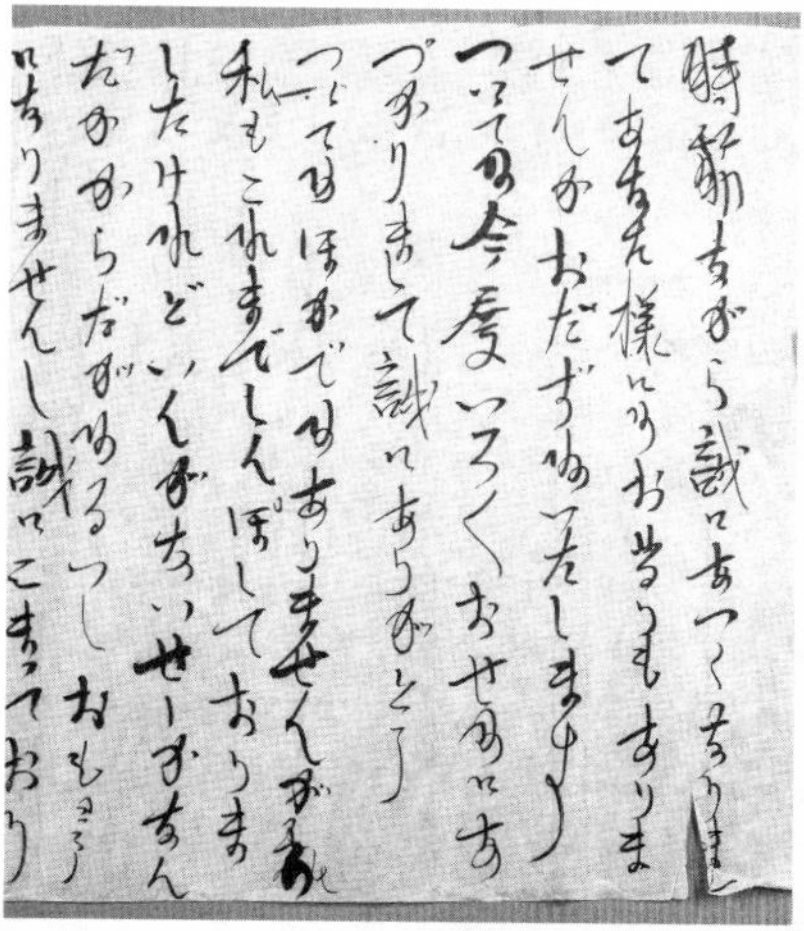

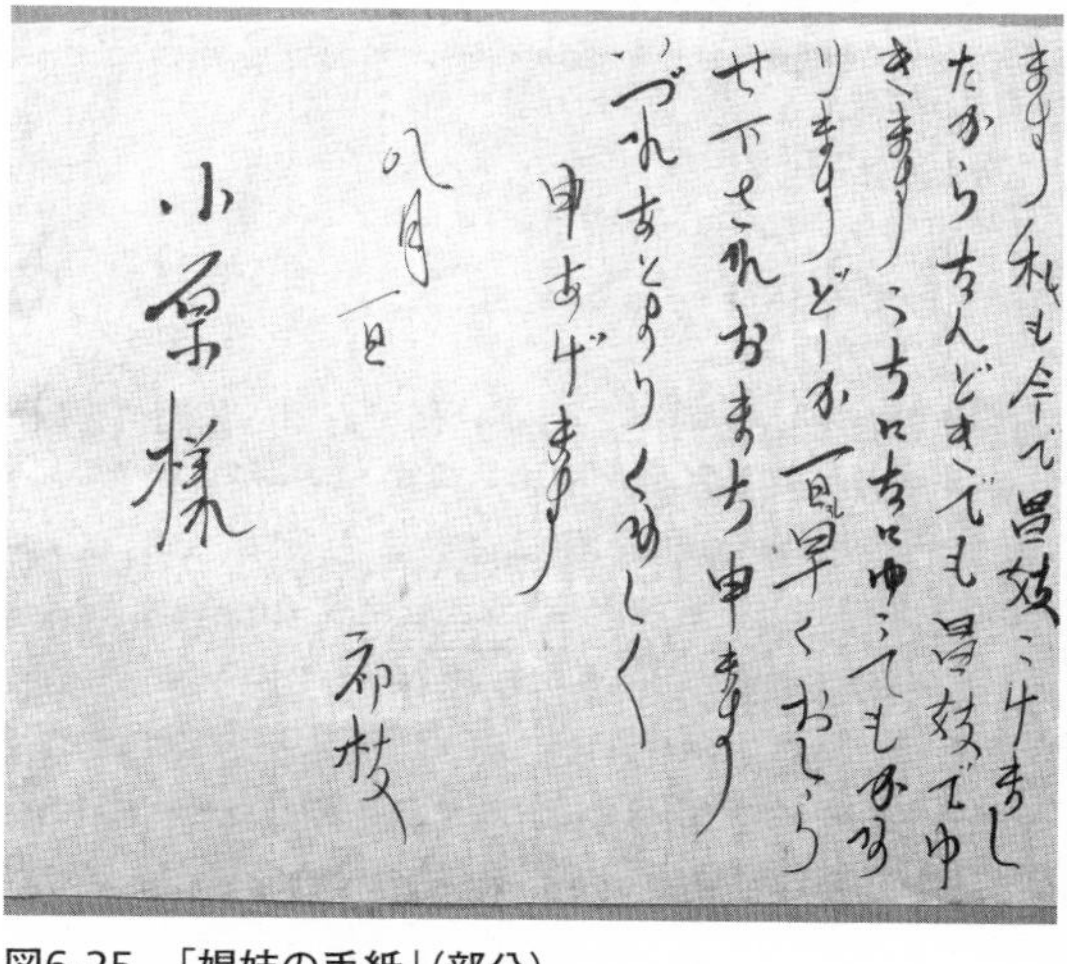

図6-25　「娼妓の手紙」(部分)
(1912〈大正元〉年〈推定〉。近畿大学中央図書館蔵)

六、持続する遊廓

娼妓の生活

古代以来の市場町《いちばまち》で交通の要衝であった滋賀県の八日市《ようかいち》（現東近江市）に置かれた八日市新地遊廓は、鉄道の開通や、八日市飛行場の造成、航空第三大隊の開隊といった軍隊との関係を背景に繁盛しました。

展示では、八日市の妓楼清定楼《きよさだろう》で娼妓が使っていたとされる鏡台や火鉢、衣紋掛けなどを用いて、妓楼（貸座敷）の一室を再現しました。背景となっている座敷とガラス窓は、建物が現存する奈良県

図6-26　遊廓の一室の再現（展示風景）
道具類は八日市新地遊廓「清定楼」で使われたもの。

大和郡山洞泉寺《とうせんじ》遊廓の旧川本楼《かわもとろう》の室内写真（撮影・西山真由美）です。

図6－27は、清定楼の洗浄場に設置されていた洗浄器の一部です。二階の客間で客の相手を終えた娼妓は、裏階段を降りて洗浄場へ向かいました。娼妓には、性病予防のため接客後に洗浄便器にまたがり性器を洗浄することが義務づけられていました。

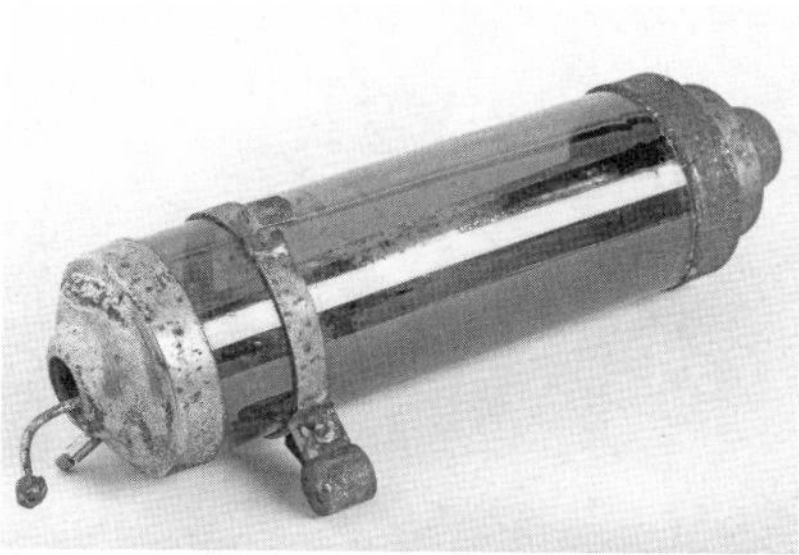

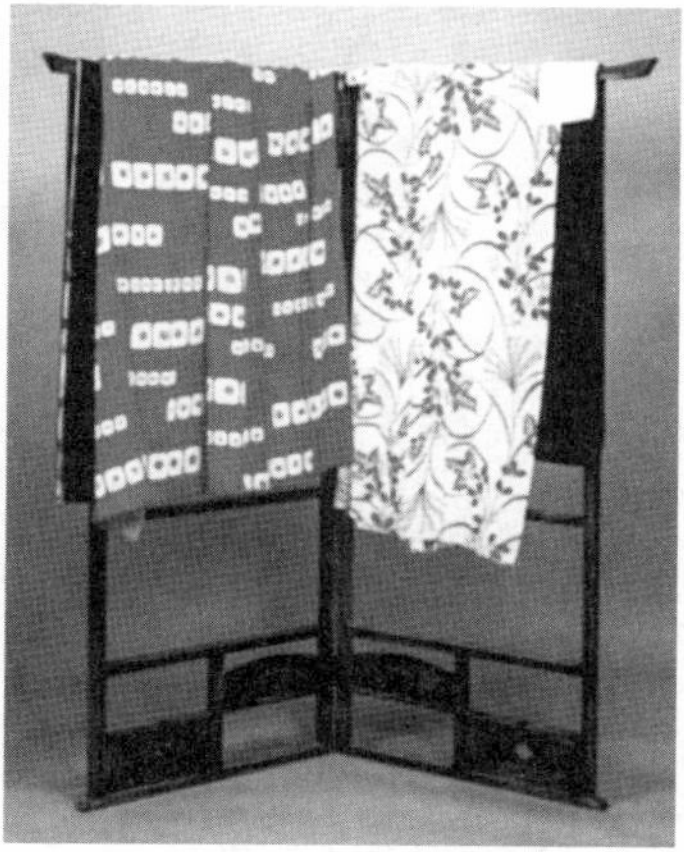

図6-27・28　「清定楼」で使われた洗浄器と長襦袢・衣紋掛け
（滋賀県立琵琶湖博物館蔵）

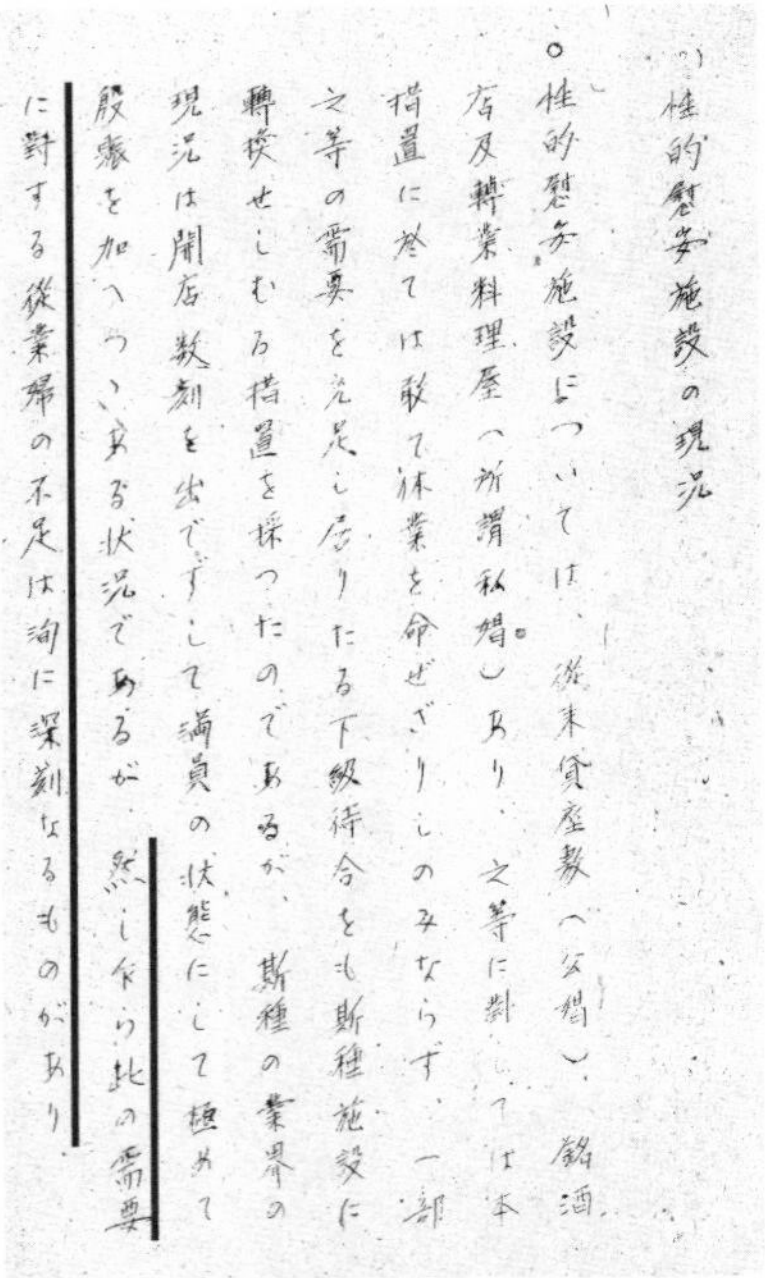
性的慰安施設の現況
○性的慰安施設については、従来貸座敷（公娼）、銘酒店及轉業料理屋（所謂私娼）あり、之等に對しては本措置に於ては敢て休業を命ぜざりしのみならず、一部之等の需要を充足し居りたる下級待合をも斯種施設に轉换せしむる措置を採つたのであるが、斯種の業界の現況は開店数刻を出でずして満員の状態にして極めて殷賑を加へつゝある状況であるが、然し乍ら此の需要に對する従業婦の不足は洵に深刻なるものがあり

図6-29　内務省警保局警務課「高級享楽停止に伴ふ接客業の現況と輿論」
「此の需要に対する従業婦の不足は洵（まこと）に深刻なるものがあり」と従業婦の不足を指摘し、「遊興費が高すぎる」「今少し料金を低廉（ていれん）にして従業婦を増やして貰いたい」などの声を紹介している。（1945〈昭和20〉年1月。国立公文書館蔵）

アジア太平洋戦争の末期には、軍需工場地帯などに、新たに「性的慰安施設」が設置されました。図6-29は、そうした「性的慰安施設」が満員であることなどを伝える、一九四五（昭和二〇）年一月の内務省の資料です。敗色の濃いこの時期に至っても買春需要は極めて高かったことがわかります。また、前借金を返済するために、戦地の日本軍「慰安婦」にさせられた娼妓や芸妓もいました。

公娼制度は敗戦後、ＧＨＱ（連合国最高司令官総司令部）によって廃止が命じられましたが、多くの貸座敷は特殊飲食店と名を変えて営業を継続しました。前述の滋賀県八日市新地遊廓の清定楼では、「貸席営業」と書いてある看板の裏面に「特殊料理屋業」と書き込み、看板を裏返して営業を続けています。

図6-30　「貸席営業」を「特殊料理屋業」と書き換えた清定楼の看板
（滋賀県立琵琶湖博物館蔵）

一九五五（昭和三〇）年、前借金契約は無効であるとの最高裁判決が出され、翌年制定された売春防止法で、ようやく前借金契約の禁止、女性に売春をさせる業などの処罰、「婦人保護」政策が定められました。しかし、売春防止法では買春は処罰せず、また一方では風俗営業法により「性風俗関連特殊営業」が認められているため、売春から利益をあげる業者が半ば公然と活動しているのが、今日の日本の現状です。

第七章　仕事とくらしのジェンダー
―近代から現代へ―

近代は、さまざまな可能性がひらかれた一方で、女性という性が政治や仕事の場から排除されていく時代でもありました。この章では、戦前の社会では女性の参入が難しかった政治や官の世界で働いた女性に注目するとともに、主婦としての労働、工場や炭坑で働く女性、音楽家などさまざまな女性たちの労働の姿を明らかにします。そこでは、どのようなジェンダーの働きやゆらぎがみられるのでしょうか。

図7-1　鏑木清方「新案双六当世二筋道」
「ふり出し」の少年少女の後は、男が左側、女が右側になっている。「上り」の前（上りに進めるマス）は、男は「長者（ちょうじゃ）」「紳士」、女は「婚礼」「音楽」。（1907〈明治40〉年。個人蔵）

一、女性の職業の誕生

双六《すごろく》に描かれた女性の職業

図7-1は、一九〇七（明治四〇）年に雑誌の付録として作られた双六で、日本画家鏑木《かぶらき》清方《きよかた》が描いています。右側は女性の職業の理想的な道筋が描かれ、左側には男性の職業が描かれています。

明治時代になると、職業という形では、江戸時代には認められなかった女性のあり方も、社会的に登場することになります。しかし、それは男女で大きな違いを持つあり方でもありました。

この双六では、女性には看護婦、芸妓、判《はん》

任官《にんかん》（下級官吏）、男性には雇人《やといにん》、俳優、紳士などの道が示されています。戦前の官僚制下では、官僚になるための試験には、男性にのみ受験資格がありました。その下でも限定的に女性に開かれていたのが、雇員《こいん》など今で言う非常勤職員から「判任官」というランクの下級公務員への登用でした。

部分図。
上から「ふり出し」「芸妓／看護婦」「女子判任官」「婚礼」

双六に描かれた、新時代の職業の登場とその男女差は興味深いものです。しかし現実の「職業」に目を向ければ、当時、多くの人は江戸時代と変わらず農業に従事していました。そうした農家では、子どもも女性たちも重要な働き手でした。歴史資料の性格を踏まえて、多面的に職業とジェンダーを考える必要があるでしょう。

女性に推奨された家庭の団欒《だんらん》のための音楽

明治時代の後半期のメディアでは、家庭や家族は公論の対象から除外され、女性にのみ関わるものとして語られるようになりました。大都市で新中間層が拡大していくと、家事と育児に専念し、家庭の団欒に心を尽くす妻の姿が理想的なものとしてメディアから発信されました。

このような新たな家庭像において、音楽は、家庭の団欒を実現する手段の一つとみなされ、女性や子どもがその担い手と考えられました。ピアノやヴァイオリンなどの洋楽は、家庭音楽として理想化される一方、女性が職業的音楽家になることは達成困難とされました。また、ピアノなどの高価な楽器よりも、手軽に家庭の団欒の手段になるものとして箏《こと》

図7-2　「三曲合奏」「ピアノとヴァイオリンの合奏」（『婦人画報』臨時増刊33号、1909〈明治42〉年。国立歴史民俗博物館蔵）

への関心が高まり、芸娼妓のイメージがつきまとっていた三味線も、家庭に慰安を与える楽器として見直されるなど、洋楽・邦楽ともに、家庭音楽として女性に推奨されました。

日本初の女性向けグラフ誌『婦人画報』の「婦人の仕事」特集号（一九〇九〈明治四二〉年）では、「貴婦人の応接ぶり」「生花と茶の湯」「女の先生」「農家の妻」などとともに、「ピアノとヴィオリンの合奏」や「三曲合奏」が紹介されています。また同雑誌に掲載された、女子音楽学校の校長・山田源一郎の「婦人の職業としての音楽」では、音楽演奏家は「寄席芸人」扱いされるだろうから、女性が演奏家を目指しても「不成功に終る」ので、女性が音楽を職業とするのであれば、音楽教育家の道を取るべきだと述べられています。

戦前の官庁で働いた女性たち―そろばん名人 三木を美喜《おみき》

戦前日本の官僚採用試験では、女性には受験資格がありませんでした。それでは、官庁に女性がいなかったかといえば、そんなことはありません。まず、雇員《こいん》や傭人《ようにん》といった、今日でいえば非正規職員のような形で働く女性たちが存在しました。試験資格を必要としない一部の職では、女性が官吏に採用されることもありました。

そうした女性たちの中には、結婚・出産後も勤務を続けた人もいます。「そろばんの名人」といわれた三木（清水）を美喜は、一九〇四（明治三七）年に、「臨時雇」という、現在でいえば非正規の見習い職員として逓信省《ていしんしょう》（後の郵政省）の郵便貯金を扱う部署に勤め始めます。そこでは、貯金額を計算するためにそろばんの技能が重視され、お互いの技能を競わせる競技会も開かれていました。を美喜はたびたび優秀な成績をあげ、勤務開始か

図7-3　三木（清水）を美喜
（個人蔵）

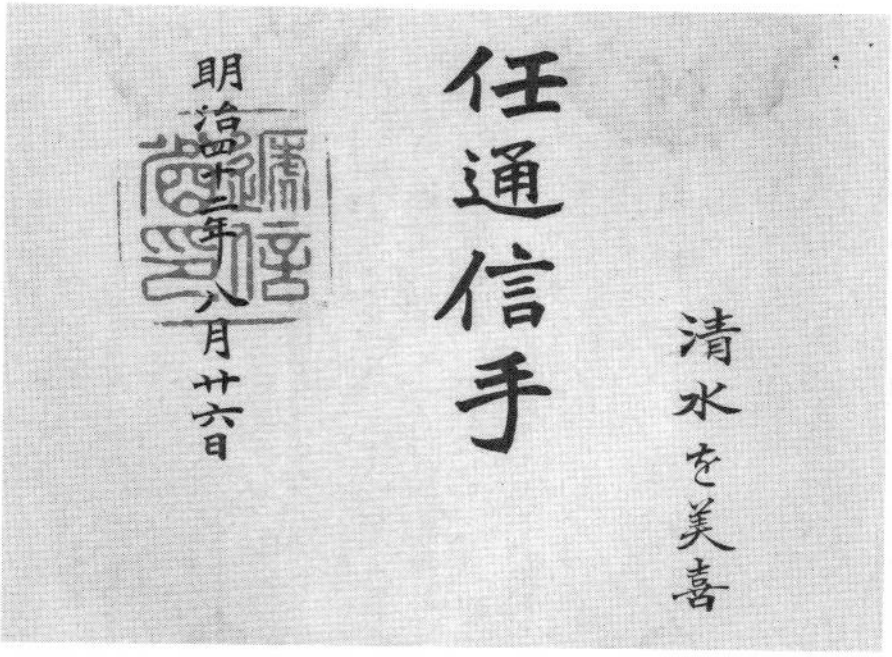

図7-4　「辞令 任通信手」
（1909〈明治42〉年。個人蔵）

ら五年後には、「通信手」として、下級官吏である判任官の地位を得ます。その後同じ職場の同僚と結婚、出産を経ても勤務を続け、班長として仲間を指導するという地位にまで昇ります。しかし、その上の掛長の地位につくことはできませんでした。

近年の研究によれば、アジア太平洋戦争開戦前夜には、逓信省の職員の三割近くが女性だったことがわかっています。戦前の官庁でも女性は働いていたことと、男女の待遇には明確な格差があったことの双方を視野に入れる必要があるでしょう。

二、労働者としての女性

近代日本の産業発展の中心となったのは、製糸業や紡績業といった繊維産業でした。そうした繊維産業の工場では、女性労働者が一カ所に集まって働くという労働の形が生まれました。一九二〇年代まで、工場労働者数は女性が男性を上回っており、産業革命以降、長い間、日本の産業の主要な労働者は女性だったのです。

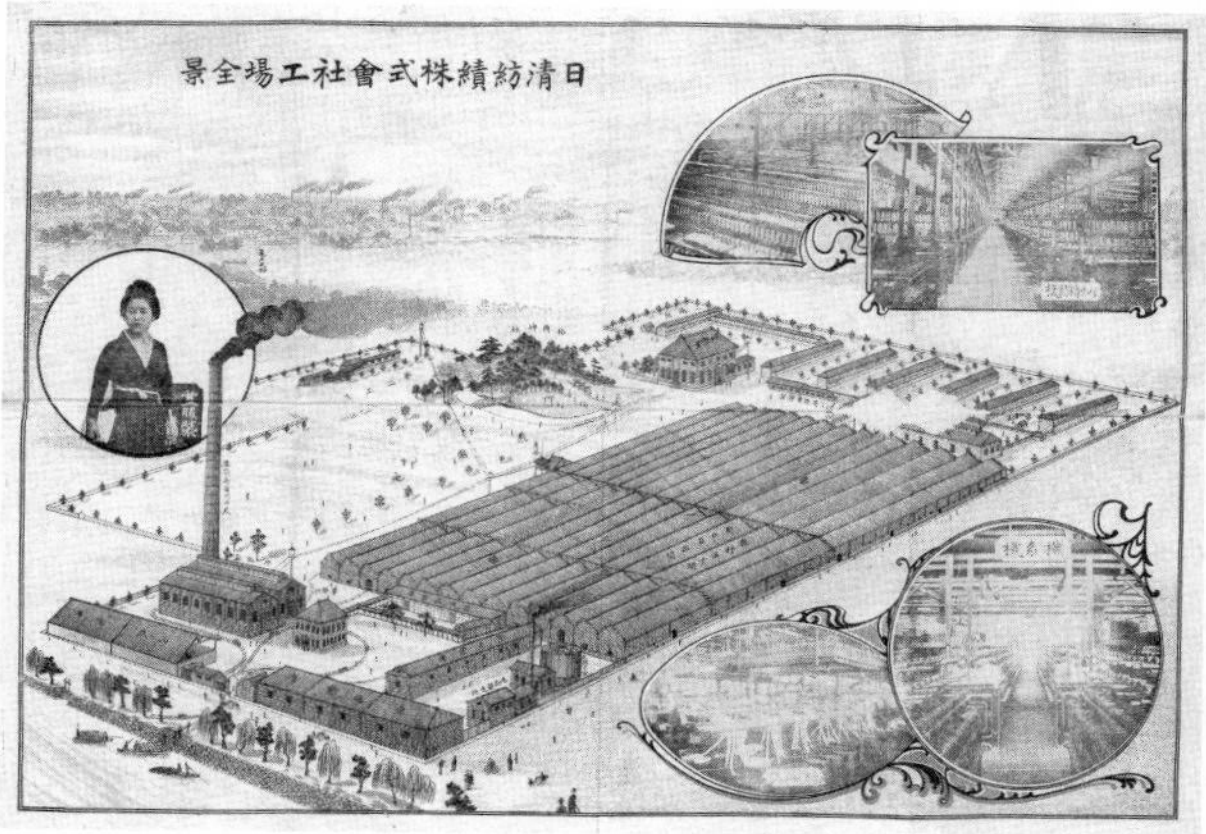

図7-5　日清紡績株式会社女工応募者心得
（1907〈明治40〉年。国立歴史民俗博物館蔵）

工場の福利厚生

工場での女工の労働条件の厳しさはよく知られていますが、一九一六（大正五）年にようやく工場法が施行され、ある程度は福利施設を整えないと女工を集めることも難しいという時代になってきました。大手の工場では、福利厚生が進みます。

製糸工場では早くから福利厚生の一環として、工女教育が盛んに行われました。**図7-5**は、日清紡績が新たに工場を作る時に、女工募集のために作成した応募者の心得です。この頃には、紡績工場でも、裁縫や教科の教育や、食事の充実な

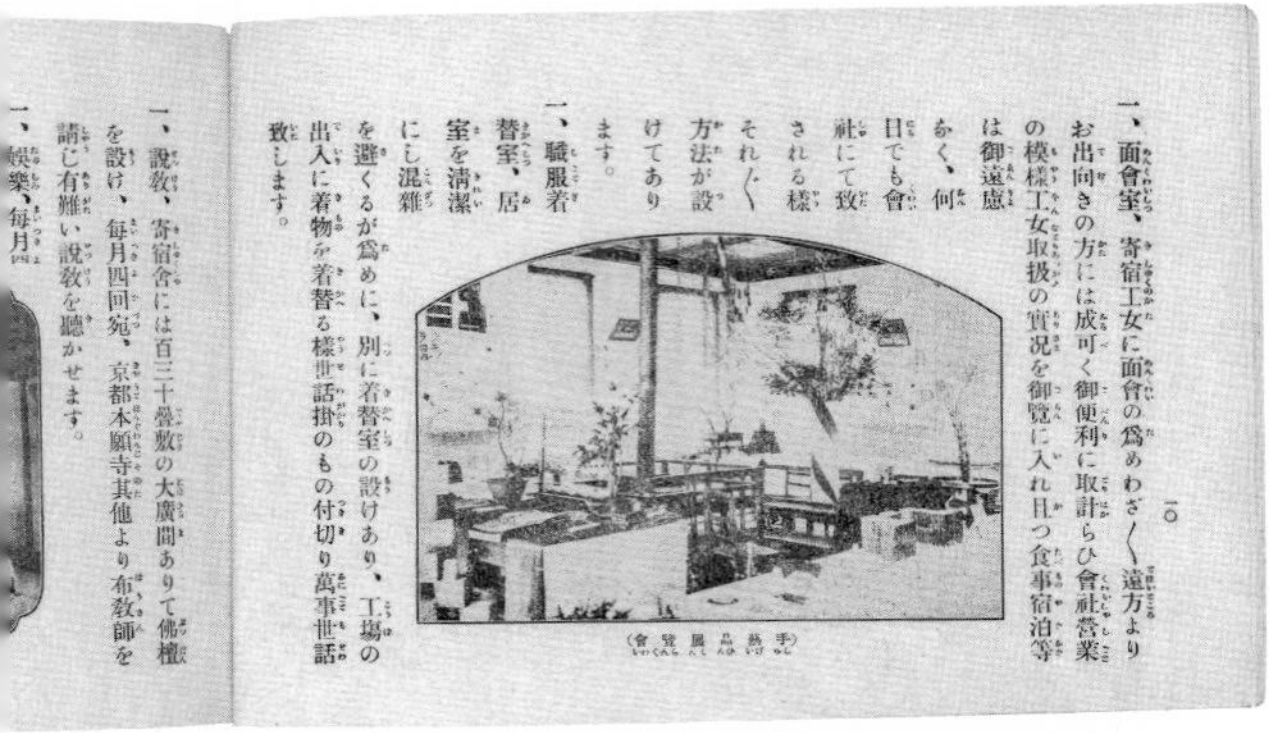
一〇

一、面會室、寄宿工女に面會の爲めわざ〳〵遠方よりお出向きの方には成可く御便利に取計らひ會社營業の模樣工女取扱の實況を御覽に入れ且つ食事宿泊等は御遠慮なく、何日でも會社にて致される樣それ〴〵方法が設けてあります。

一、職服着替室、居室を清潔にし混雑を避くるが爲めに、別に着替室の設けあり、工場の出入に着物を着替る樣世話掛のもの付切り萬事世話致します。

（手藝品展覽會）

一、說教、寄宿舍には百三十疊敷の大廣間ありて佛壇を設け、毎月四回宛、京都本願寺其他より布教師を請じ有難い說教を聽かせます。

一、娛樂、毎月四

ど、福利厚生をアピールしていたことがわかります。

図7-6は、鐘淵《かねがふち》紡績会社の女工応募者の心得の栞《しおり》です。非常に大規模な工場で、多くの女工たちが共同で働き、生活をしていた状況や、工場で働くだけではなく、教育も行うということがわかります。

長野県の宮坂製糸所の印がある**図7-7**の教科書は、工女教育のために作成されたものです。一九二八（昭和三）年に開業した宮坂製糸所は、岡谷蚕糸博物館（シルクファクトおかや）の併設施設として、現在も製糸機械を稼働させています。

貢かご色々の餘興《よきやう》を催《もよほ》して職工を慰《なぐさ》め、尙ほ紀元節《きげんせつ》、天長節《てんちやうせつ》、盆《ぼん》、正月《しやうぐわつ》等には休業して運動會《うんどうくわい》あどを開《ひら》きます。

（佛間お說敎）

◉工《こう》女《ぢよ》合《がつ》宿《しゆく》所《しよ》

一、事情《わけ》ありて寄宿舎《きしゆくしや》に入《はい》る事が出來《でき》ずさりとて他《ほか》に知己《しるべ》のあい方《かた》には工女合宿所《がつしゆくしよ》の設《まう》けありて寄宿舎《きしゆくしや》に

二

図7-6　「紡績女工手志願者の栞《しおり》」（1912〈大正元〉年。国立歴史民俗博物館蔵）

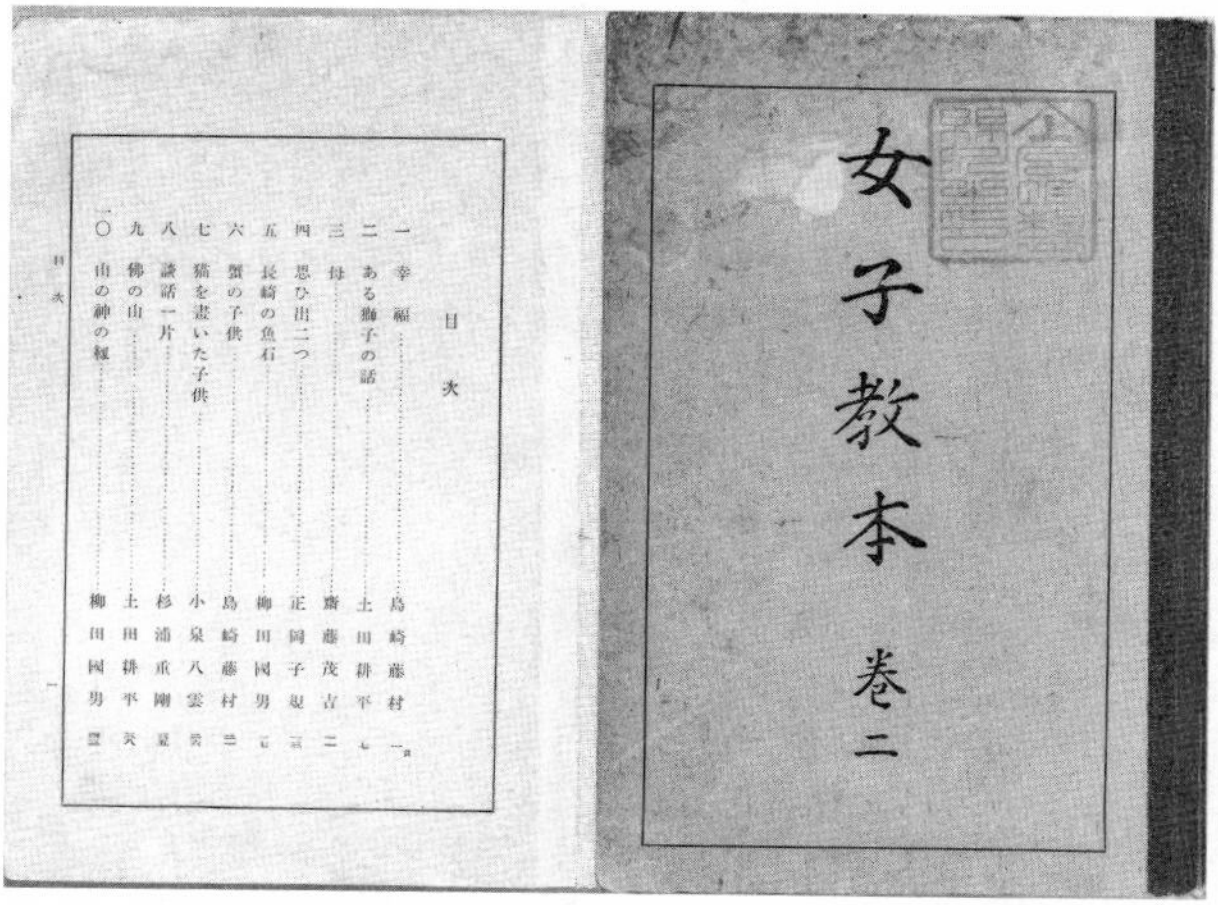

図7-7　長野県の宮坂製糸所で使われた工女用の教本 国語の教科書（1937～38〈昭和12～13〉年。国立歴史民俗博物館蔵）

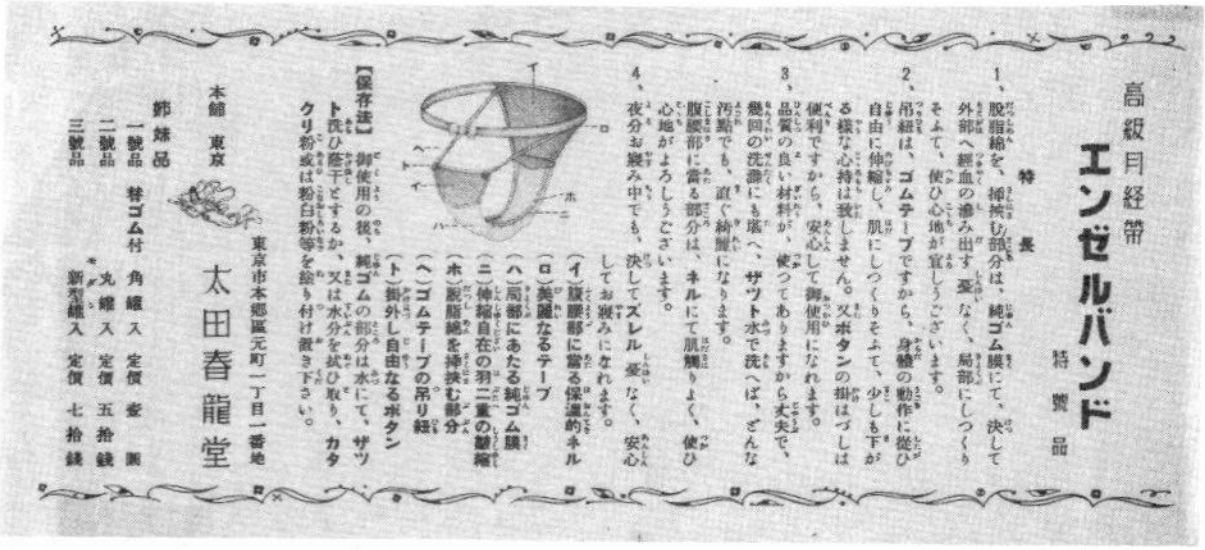

高級月経帯
エンゼルバンド
特製品

特長

1、脱脂綿を、挿挾む部分は、純ゴム膜にて、決して外部へ經血の滲み出す憂なく、局部にしつくりそふて、使ひ心地が宜しうございます。
2、吊紐は、ゴムテープですから、身體の動作に從ひ自由に伸縮し、肌にしつくりそふて、少しも下がる樣な心持は致しません。又ボタンの掛はづしは便利ですから、安心して御使用になれます。
3、品質の良い材料が、使つてありますから丈夫で、幾回の洗滌にも堪へ、サツト水で洗へば、どんな汚點でも、直ぐ綺麗になります。
腹腰部に當る部分は、ネルにて肌觸りよく、使ひ心地がよろしうございます。
4、夜分お寢み中でも、決してズレル憂なく、安心してお寢みになれます。

(イ)腹腰部に當る保温的ネル
(ロ)美麗なるテープ
(ハ)局部にあたる純ゴム膜
(ニ)伸縮自在の羽二重の襞縮
(ホ)脱脂綿を挿挾む部分
(ヘ)ゴムテープの吊り紐
(ト)掛外し自由なるボタン

【保存法】御使用の後、純ゴムの部分は水にて、ザツト洗ひ蔭干とするか、又は水分を拭ひ取り、カタクリ粉或は粉白粉等を塗り付け置き下さい。

本舗　東京　太田春龍堂
東京市本郷區元町一丁目一番地

姉妹品
一號品　替ゴム付　角罐入　定價　壹圓
二號品　丸罐入　定價　五拾錢
三號品　新型罐入　定價　七拾錢

図7-8　工女専用月経帯エンゼルバンド使用説明書一式（一部）
工場の用度課が取りまとめて発注し、購入する形をとっていた。
（国立歴史民俗博物館蔵）

福利厚生としての生理用品─月経バンド

工場の福利厚生は、生理用品にも及びました。図7－8は、月経バンドの女工向けの廉価販売を、メーカーが工場に売り込んだ広告です。女工にとっては、共同購入により格安で月経バンドを購入できる機会がもたらされたといえますが、工場側には、これで生理中でも女工が能率を落とさずに働けるようにという期待がありました。

明治末期以降、エンゼルバンドやミスコロナといった商標の月経バンドが売り出されますが、それらはしばしば美麗な缶や石けんなどの景品を売り物にしていました。しかし、女工を対象にした廉価販売の広告では、同じエンゼルバンドでも、華美さはなく「能率向上」を前面に押し出しています。これらの資料は、同じ製品の異なる消費のありようを示しています。

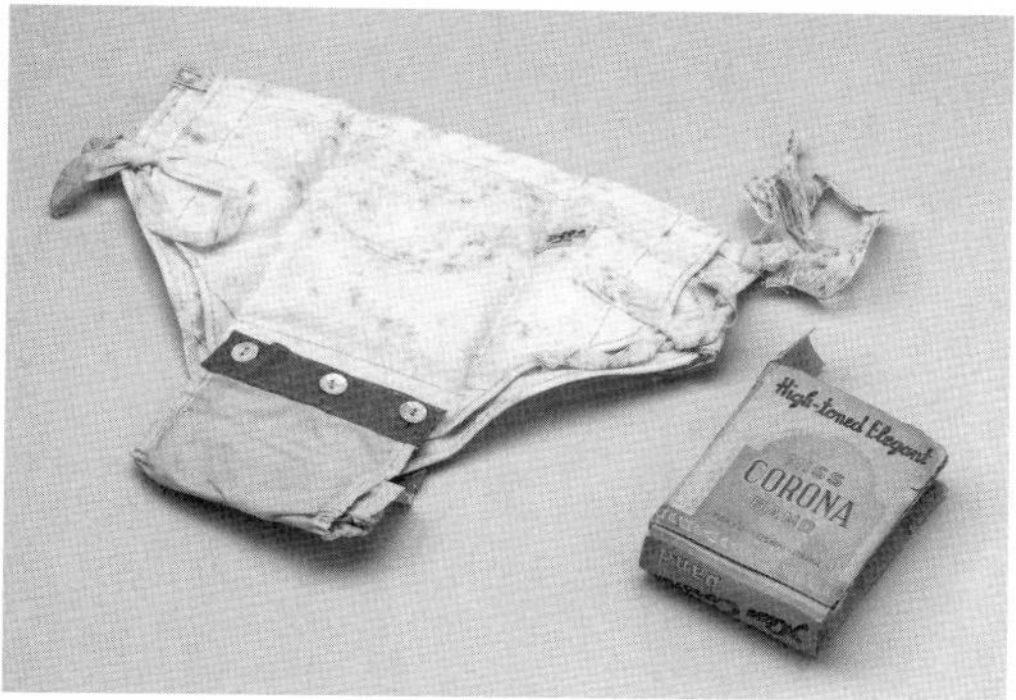

図7-9　「ミスコロナ月経帯」(国立歴史民俗博物館蔵)

図7-10　エンゼルバンド高級月経帯ポスター
商品自体ではなく、収納缶の美麗さと景品のクラブ石けんが強調されている。
(国立歴史民俗博物館蔵)

鉱山労働とジェンダー

製糸や紡績と並び、鉱山、石炭業は、近代日本の産業の中でも主要なものでした。そして、そこでは多くの女性の労働者が働きました。鉱山では、夫婦や親子が組になって、手作業で石炭を掘り、運び出すという形の作業が行われていたからです。

山本作兵衛の画文は、ユネスコの「世界の記憶」にも認定され、当時の労働の様子が正確に描かれていると評価されています。

図7-11「入坑（母子）」には、坑道に入っていく時に、小さな赤子の面倒を見させるために、年長の子どもも連れていく様子が描かれています。母が背負うと幼児の頭を坑道

図7-11　山本作兵衛「入坑（母子）」（1899年頃。田川市石炭・歴史博物館蔵）

の天井に打ちつけてしまうため、子守役の息子に背負わせています。

図7-12「坐《すわ》り掘《ぼ》り」には、夫が石炭を掘り、それをスラと呼ばれる箱に入れて運ぶ妻が描かれています。筑豊炭鉱の鉱山労働者は、夫婦一組で先山《さきやま》・後山《あとやま》として働きました。このような厳しい労働を、家族や夫婦で行っているわけですが、山本作兵衛は、仕事を終えた後の夫婦の姿も描いています。

図7-13「夫婦共稼ぎ」では、家の中でくつろいでいる男性と、その男性のために食事の支度をしている妻の絵が描かれています。ここにも、夫婦共稼ぎの生活の中で、さらに家事労働をも担っている女性の姿が描かれて

図7-12　「坐り掘り」(年不詳。田川市石炭・歴史博物館蔵)

います。

山本作兵衛は、実際に見たことをできるだけ正確に描くという意図で描いたと述べていますが、一つだけうそがあると言います。それは、鉱山の中というのは真っ暗で、この絵のように明るく様子がわかる場所ではない、そこだけが実際とは違うということだそうです。

図7-13　「夫婦共稼ぎ」（明治30年代。田川市石炭・歴史博物館蔵）

図7-14　国民精神総動員 第11回全国安全週間
（『産業福利』第13巻第10号巻末付録、1938〈昭和13〉年。大原社会問題研究所監修 協調会研究会編『[協調会史料] 産業福利 復刻版』第15巻、柏書房、2008年より転載）

戦時期の女性労働

日中戦争からアジア太平洋戦争にかけての時期には、男性の出征にともなう労働力不足から、逆説的にではあるものの、女性の社会進出が進みました。一九三八（昭和一三）年の「全国安全週間」に掲げられた標語からは、女性が工場の安全衛生にも組み込まれたことがわかります。

三、アジア太平洋戦争後の社会

戦争が終わって、GHQが日本を事実上単独占領することになります。その中で、日本の女性の社会的な地位の低さが大きな問題になりました。

GHQと労働省の女性たち

GHQの経済科学局に属した、マリア・ミード・スミス・カラス（一九二二〜二〇一〇）という女性がいます。彼女は、労働省（現厚生労働省）の女性官僚たちと力を合わせて、日本の女性の社会的地位の向上を目指すために尽力しました。カラスとともに活動したのは、当時、労働省の婦人少年局にいた谷野《たにの》せつ、山川菊栄《やまかわきくえ》ら、そして各都道府県に置かれた婦人少年局地方職員室の女性職員たちです。

谷野せつ（一九〇三〜九九）は、一九二六（昭和元）年に日本女子大学校を卒業し、内務省に入り、女性の工場労働の調査や監督に当たりました。数少ない戦前の女性官僚だった人物です。戦後は労働基準法制定に関わり、労働省で女性の労働環境の改善のために働きました。いわば、女性たちの工場労働の世界と、官僚の世界をつなぐ位置にいた女性でした。谷野は戦前、女性労働者の月経に関する聞き取り調査も行っています。その経験をもとに、戦後労働基準法制定の過程では、生理休暇の導入に尽力することになりました。一方、戦前には『青鞜《せいとう》』や赤瀾会《せきらんかい》などで活動した山川菊栄（一八九〇〜一九八〇）は、戦後に民間から労働省入りし、婦人少年局の初代局長となりました。

労働省はGHQの関与の下で設置され、初代婦人少年局長の山川菊栄以下、女性官僚が

図7-15・16　労働省婦人少年局婦人労働課が発行したポスター
（1948・49〈昭和23・24〉年。メリーランド大学ゴードン・W・プランゲ文庫蔵）

存在感を示す中央官庁でした。労働省は、婦人週間などを設けて、ポスターやパンフレット、紙芝居による啓蒙活動を展開しました。

図7-15のポスター「男女同一労働・同一賃金になれば」では、男女双方の労働者、使用者、そして家庭の主婦にとって、どのようなメリットがあるかを列挙しています。

カラスは、帰国後に山川たちから送られたこれらのポスターやパンフレットを大切に保存していました。カラスが保管していた資料は、現在はアメリカのメリーランド大学ゴードン・W・プランゲ文庫に寄贈されています。

カラスは、全国の女性の労働の実態を調査したり、あるいはその改善をアドバイスしたりといった活動も行いました。**図7-17**は、ミード・スミス・カラスが婦人少年局の地方職員室の女性職員たちに向けて講演をしている写真です。

カラスがアメリカに帰ることになった時に、全国の地方職員室の女性職員が非常に残念がって、カラスに送った感謝状が残されています。女性職員たちは、カラスによって大変励まされ勇気を得たと、口々に手紙で述べています。カラスもこれらの手紙をずっと大切に保存していました。

図7-17　ミード・スミス・カラスの演説
（1947〈昭和22〉年頃。メリーランド大学ゴードン・W・プランゲ文庫蔵）

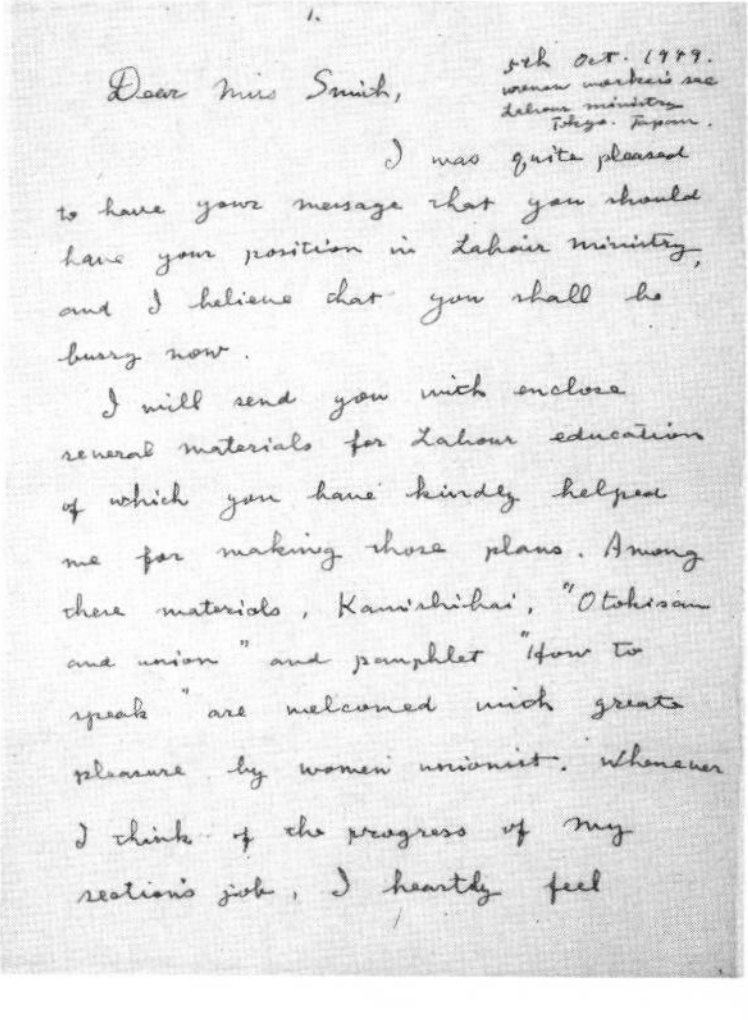

1.

Dear Miss Smith,　　9th Oct. 1949.
women worker's sec.
labour ministry
Tokyo. Japan.

I was quite pleased to have your message that you should have your position in Labour ministry, and I believe that you shall be busy now.

I will send you with enclose several materials for Labour education of which you have kindly helped me for making those plans. Among these materials, Kamishibai, "Otohsan and union" and pamphlet "How to speak" are welcomed with greats pleasure by women unionist. Whenever I think of the progress of my section's job, I heartly feel

図7-18　スミス・カラス宛 谷野せつ書簡
（メリーランド大学ゴードン・W・プランゲ文庫蔵）

図7-19　「第2次大戦期の統計計算の労働現場」
（『科学朝日』第4巻第3号、1944〈昭和19〉年。夢の図書館蔵）

コンピューターとジェンダー

戦前、科学研究や弾道計算などを必要とする軍需産業、事務処理の現場では、計算業務への需要が高まり、女性が大量に採用されて単純作業としての計算に従事していました。もともと「コンピューター」とは、計算する人のことを指して使われていた言葉です。

戦後になって電子計算機が普及していく中で、一九六九（昭和四四）年には、通商産業省（現経済産業省）が「情報処理技術者認定試験」を開始して、大量の情報処理技術者を養成しようとしました。男女分け隔てなくできる専門職ということでもてはやされ、大学によっては専門のコースも設けられました。

しかし、情報産業というのは華やかに見えますが、労働時間が不規則で長いという業務の特性や企業における男性中心の文化の問題もあって、次第に男性の職場と認識されるようになります。コンピューターという今日的な領域においても、ジェンダーはその影を落としているのです。

エピローグ　ジェンダーを超えて――村木厚子さんに聞く

歴史は驚きと発見に満ちています。この展示を通して、長い日本の歴史の中で男性や女性のあり方、あるいはその規範が大きく変わってきたことが見えてくるのではないでしょうか。エピローグでは、最後に、女性官僚の一人であり、長い女性官僚の歴史のその現在の姿という意味も込めて、村木厚子さんにお話を伺いました。

村木さんは、労働省（現厚生労働省）の女性官僚の系譜に連なり、同省で男女共同参画政策や育児・介護と仕事の両立推進施策に関わってきました。村木さんもまた展示でたどる「政治空間における男女」「仕事とくらし」の歴史の中の存在なのです。

村木さんは現在、生きづらさを抱えた若年女性を支援する「若草プロジェクト」に関わっており、展示のもう一つのテーマ「性の売買」の現在をよく知り、寄り添っている方でもあります。本展のエピローグでご登場いただいたのには、こんな理由がありました。

村木さんは、「歴史は変わる、変えられる」ということを勉強するのが大事ではないかとおっしゃっています。どうぞ、ビデオのお話をお聞きください。

「ジェンダーを超えて
——村木厚子さんに聞く」
（展示室で放映した短いバージョン 4分50秒）
YouTube
https://www.youtube.com/watch?v=BL_K82C7Ugk

「ジェンダーを超えて
——村木厚子さんに聞く」
（ロングバージョン 13分34秒）
YouTube
https://www.youtube.com/watch?v=lr6HAkS0SmM

※ビデオのURLは予告なく変更、削除される場合がございます。その際にはご容赦願います。

新書版　あとがき

本書は、二〇二〇年一〇月六日～一二月六日に国立歴史民俗博物館で開催された企画展示「性差《ジェンダー》の日本史」（以下、ジェンダー展）を、より手軽にご覧いただくために編みました。

博物館のジェンダーギャップ

ジェンダー展は、二〇一六～二〇一八年度基盤研究「日本列島社会の歴史とジェンダー」の成果の発信の一つとして計画した展示でした。しかし、ジェンダーは、モノではなく、抽象的な概念。どうすればジェンダーの展示になるのだろうかと悩んだ末、海外の歴史博物館の経験を知るために、二〇一七年七月、国際研究集会「歴史展示におけるジェンダーを問う　How is Gender Represented in Historical Exhibitions?」を開催しました。

この研究集会は、本当に目から鱗《うろこ》の研究会でした。アジアでも欧米でも、博物館がジェンダーをテーマとして取り上げるのは当たり前。現在では、それぞれの国や地域の特徴をふまえたジェンダー展示に挑戦していることがわかったからです。

国立台湾歴史博物館では、ジェンダー平等教育法に基づき、研究職から博物館の事務方まで可能な限りスタッフのジェンダー平等を追求すること、また、「天の半分は女性が支えている」のだから、できるだけ男女を均等に展示するという方針がとられています。

イギリスのマンチェスター大学附属博物館という自然史博物館では、一九世紀以来の動物の剝製の七割がオスで、角を振り上げ頭を高くあげた姿勢が多いのに対して、メスの剝製は下を向いて餌をついばむ姿勢であること、そしてそれは白人男性の狩猟者や剝製製作者のジェンダー意識の反映であることに気づき、すべてのオスに白布をかけてそれを可視化するという、大胆な展示の試みが行われていました。今から三〇年以上前のことです。

シンガポールでは、二〇年ほど前、四〇代で国立博物館館長に抜擢されたキュレーターの女性の指揮のもと、シンガポール近代化物語であったそれまでの展示を、民族的・文化的多様性のルーツを探る歴史展示へと大胆にリニューアルしました。そこでは、ジェンダーが、多様性の不可欠な要素として、常に意識されています。

韓国の国立ハングル博物館では、「文字とジェンダー」について、斬新な研究が進められています。

一方、日本では、定評ある博物館教育の基本的なテキストにさえジェンダーの記述は皆無というのが実情です。歴博でも、ジェンダーを主題とした企画展示は、今回が初めて。陸上競技でいえば〝周回遅れ〟に等しいのですが、ジェンダーの歴史展示を開催したというだけで「攻めてるね」と誉められるのが現実です。ジェンダーギャップは、賃金や政治参加の問題だけでなく、博物館のような文化の面でも歴然としているのです。

「時間」と「空間」というスケール

しかし、諸外国の試みにも学びながら企画展示に取り組んでいく中で、日本列島社会の歴史には、ジェンダーを展示するうえでのさまざまなメリットがあることも見えてきました。日本の場合、比較的豊富な文字や絵画資料によって、二〇〇〇年に近い歴史をたどることができます。「時間」という物差しを使って、異なる時代の男女のあり方を比べることも容易ですし、文字や絵画資料を使い、同一の「空間」の中での男女のあり方がどう異なっているのかを、具体的に示すこともできます。ジェンダー展では十分に実践できませんでしたが、「空間」の物差しを、日本列島を越えて、海外に広げていくこともできるでしょう。本書でも、「時間」と「空間」の物差しを使い、比較という視点からジェンダーを取り上げた所がたくさんあります。比較を意識してお読みいただけると、面白さも増すのではないでしょうか。

また、ジェンダーを物語る特別な歴史資料があるわけではないということもわかってきました。よく知られた資料も、新しく発見された資料も、ジェンダーの光をあてることによって、初めて、それまでの常識とは異なる新しい歴史像を語りはじめるのです。本書でも、ジェンダーの視点から見直す面白さを感じながら、重要文化財のような著名な資料や、これまでなんども展示されてきた館蔵の資料を取り上げました。

企画展示「性差《ジェンダー》の日本史」から見えてくるもの

一方、私たちが来館者から学んだこともたくさんあります。特に強く感じたのは、多くの女性たちが、日常のささいなことの積み重ねによるジェンダーの葛藤を抱えていること

企画展「性差《ジェンダー》の日本史」 展示室A（第1章）

同 展示室Bの入口付近（第6章）

です。制度の平等は勝ち取ったのに、その先にあるもやもやした葛藤や、心に刺さったまま癒えない傷。その辛《つら》さが、現代日本のジェンダーをめぐる深刻な問題であることをあらためて教えてくれたのは、感想を寄せて下さった若い来館者や、男性中心社会のど真中で働くメディア記者の方たちでした。長い歴史を遠望する本書が、これらの問題を克服していく際の励ましになれば、たいへんうれしく思います。

　また、もう一つ自覚させられたのは、博物館と歴史研究者の役割です。歴史研究者は、現代社会が抱える問題について、直接にその病理解剖を行ったり、処方箋を出したりすることはできません。しかし、その背景や土台となっている過去の社会の正確な解剖報告書を提出することは、歴史研究者の責務です。研究者が過去の事実を掘り出し、その背景や構造を明確に、深みをもって提示することができれば、来館者、市民は、歴史を自分事としてとらえ直し、自分自身の処方箋を自ら作り出していくことでしょう。そして、その声は、研究者に新たな課題をなげかけるものともなります。博物館は、そのような人々との対話の中でこそ、生命力を持つ。これは、ジェンダー展を通して得た、最大の学びでした。

　また、展示内容の発信では、ツイッターやウェブ上での音声ガイドなどが大きな力を発揮しました。コロナ禍で来館できなかった方も、図録と音声ガイドで展示を楽しんで下さっていると聞いています。本書も、それらを活かして編集し、読みやすい書籍になりました。展示終了後の活用まで見通してウェブ情報の充実を図り、本書の編集を担ってくださった展示プロジェクト副代表小島道裕氏、ツイッターで力を発揮して下さった同委員廣川和花氏には、大変感謝しています。

二〇二〇年の暮、アメリカのスミソニアン博物館群の一つとして、女性史博物館建設が決まったというニュースがとびこんできました。歴博も、各地の博物館も、今後、ジェンダーを視野にいれて活動する必要はますます高まっていくことでしょう。今回の展示で取り上げることのできなかった数々のジェンダーに関わるテーマも、その中で必ず取り上げられていくことと思います。本書が、そのために役立つことを、心から願っています。

国立歴史民俗博物館企画展示「性差《ジェンダー》の日本史」展示プロジェクト代表
横山百合子

国立歴史民俗博物館について

「性差《ジェンダー》の日本史」展を開催した、国立歴史民俗博物館（通称「歴博」、千葉県佐倉市）のことも少しご紹介します。

開館は一九八三年、日本の歴史と文化を総合的に扱う博物館で、展示は、先史・古代から現代までの六つの展示室から成る総合展示と、時期を限って行われる企画展示・特集展示があります。

展示の基本的な方針としては、基調テーマとして、①生活史 ②環境史 ③国際交流の三つが掲げられ、また視点として、①多様性（マイノリティーの視点） ②現代的視点の二つがあげられています（リニューアル基本計画）。ジェンダーの問題を扱った今回の展示も、視点①の「マイノリティーの視点」の一環といえます。

館の設置形態としては、かつては文部科学省の組織でしたが、現在は国立大学と同様に法人化されて、「大学共同利用機関法人」となっています。国立民族学博物館（民博、大阪府吹田市）や、国文学研究資料館（国文研、東京都立川市）、国際日本文化研究センター（日文研、京都市）が同様の組織で、国立天文台、国立極地研究所などの多くの理系の機関と

国立歴史民俗博物館（歴博）の外観。高い建物は収蔵庫

ともに、総合研究大学院大学（総研大）という大学院大学を構成してもいます。

研究機関としては、さまざまなテーマで館外の専門家とともに多くの共同研究を行っており、その成果を展示に生かしています。「性差の日本史」展も、ジェンダーについての共同研究が母体となっていることは先に述べたとおりです。

国立歴史民俗博物館の所在地は、現在「佐倉城址公園」となっている、江戸時代の佐倉城、戦前の佐倉連隊駐屯地の跡地です。最寄り駅は「京成佐倉」になります。

写真は、佐倉城址の本丸方向から見た歴博で、やや黒い高い建物は、三〇万点以上の資料を収めている収蔵庫です。

今回の展示で使用された館蔵資料は、大部分がジェンダー資料として収集されたものではなく、「ジェンダー」という視点で再評価されたものです。つまり、残りの資料もジェンダー資料としての側面が見出されないまま眠っていることになります。今回の展示で外部から借用させていただいた資料についても、同じことが言えます。今後さらにジェンダー資料としての研究が進められて、ジェンダーをテーマにした展示がまたどこかで開催されることを期待したいと思います。

参考文献

本書の各章・コーナーについて、担当した展示プロジェクト委員の著作を中心にご紹介します。

プロローグ・第一章

・**清家章『卑弥呼と女性首長　新装版』**（吉川弘文館、二〇二〇年）

弥生～古墳時代の女性の役割と地位を解明し、卑弥呼が女王に擁立された背景と要因に迫ります。

・**義江明子『日本古代の祭祀と女性』**（吉川弘文館、一九九六年）

女性は本質的に巫女なのか？　男女の豪族が古代の祭祀を担ったことを明らかにし、伝承の玉依ヒメ、伊勢斎王・鹿島物忌など、女性だけが神秘化されていったしくみを歴史的に解き明かしています。

・**義江明子『つくられた卑弥呼』**（ちくま学芸文庫、二〇一八年）

「古代の指導的女性は、みな「巫女」だった」という通説を疑い、政治的実権を持った王として卑弥呼像をとらえ直しました。卑弥呼を神秘的巫女とする通説は、近代以降につくられたことも明らかにしています。

・**清家章『埋葬からみた古墳時代』**（吉川弘文館、二〇一八年）

これまで軽視されていた古墳被葬者の性別・親族関係に着目し、考古学研究の立場から古墳時代の男女の地位と変化を探るものです。向野田古墳についても、論じています。

・**義江明子「系譜に刻まれた父母」**（総合女性史研究会編『史料にみる日本女性の歩み』（吉川弘文館、二〇〇〇年）

「娶《みあい》て生む児」で父母の名を記す山上碑《やまのうえひ》の系譜は、古代の結婚の形を映し出していること、家と家の結びつきを示すのち家系図では女性の個人名は消えていくことを述べています。

・**義江明子『推古天皇』**（ミネルヴァ書房、二〇二〇年）
推古天皇の前後の時代（六～七世紀）に焦点を合わせ、王権とジェンダーのクロスする領域として、女帝誕生の背景と意味を掘り下げます。

・**義江明子『女帝の古代王権史』**（ちくま新書、二〇二一年）
ジェンダーの視座から、男女の王族がともに「御子」として指導力を発揮し王者に選ばれた、古代社会の姿とその変容を描く最新の成果です。

・**仁藤敦史「宗教王としての卑弥呼」**（『儀礼と権力』弥生時代の考古学7、同成社、二〇〇八年）
邪馬台国の研究史の分析から、卑弥呼王権の性格が「女酋」「英略勇武」から「宗教的君主」に変化したことを指摘しています。

・**仁藤敦史「お札になった皇后―近代の女帝像」**（国立歴史民俗博物館『REKIHAKU』創刊号、二〇二〇年）
「三韓征伐」を象徴して紙幣に採用された神功皇后が、やがて「武内宿禰《たけのうちのすくね》」に交替したことを述べています。

・**仁藤敦史「「万世一系論」と女帝・皇太子」**（歴史学研究会『歴史学研究』１００４号、二〇二一年）
一九一〇年における卑弥呼および神功皇后像の変化は、軍人皇太子の成立と表裏の関係にあること、近代国学は女帝即位を必ずしも否定していなかったことを論証しています。

・**伊集院葉子『古代の女性官僚　女官の出世・結婚・引退』**（吉川弘文館、二〇一四年）
律令制下の女官の出仕、仕事の内容、給与と蓄財のほか、結婚や、引退・死まで、史料に即して紹介しています。

古代女官を「官僚」と位置づけ、ジェンダー視点を駆使して記述したわかりやすい図書です。

・**伊集院葉子『日本古代女官の研究』**（吉川弘文館、二〇一六年）

古代女官の実態を追究し、律令国家を支えた女性の政治的役割に迫るものです。右に紹介した『古代の女性官僚』の基礎となる研究書です。

第二章

・**『日本の中世文書―機能と形と国際比較―（展示図録）』**（国立歴史民俗博物館、二〇一八年）

「美福門院庁下文」「高山寺文書屏風」「女房奉書（兼顕卿記）」など、本書で扱った国立歴史民俗博物館蔵の中世文書を多く取り上げています。

・**伴瀬明美「女房として出仕すること―中世前期の貴族社会における女房―」**（総合女性史学会・辻浩和他編『女性労働の日本史　古代から現代まで』勉誠出版、二〇一九年）

一一世紀の清少納言の時代には人に顔を見られる女房勤めは好ましくないものでした。しかし一二世紀になると、貴族たちは娘を積極的に有力者の女房にすることで家領の維持を図るようになります。

・**『とはずがたり　たまきはる』**（新日本古典文学大系五〇、岩波書店、一九九四年）

八条院の御所の思い出が書かれている『たまきはる』を収録しています。

第三章

〔寿桂尼〕

・**島田市博物館『女戦国大名 寿桂尼と今川氏（展示図録）』**（島田市博物館、二〇一七年）

〔地蔵菩薩立像・像内資料〕
・**藤原重雄「「中御門逆修」地蔵菩薩像の像内納入印仏」**（町田市立国際版画美術館図録『救いの仏―観音と地蔵の美術―』二〇一〇年）

第四章

〔洛中洛外図屏風〕
・**小島道裕『洛中洛外図屏風―つくられた〈京都〉を読み解く』**（吉川弘文館、二〇一六年）
室町時代一六世紀に描かれた初期洛中洛外図屏風から、近世の作品までの、洛中洛外図屏風の全体を紹介したガイドブックです。
・洛中洛外図屏風の画像については、国立歴史民俗博物館ホームページの「ＷＥＢギャラリー」で、本書で取り上げた「洛中洛外図屏風（歴博甲本）」や「東山名所図屏風」などを見られます。
「洛中洛外図屏風人物データベース」には、「歴博甲本」の一四二六人、「歴博乙本」の一一七二人全員の画像と情報を収録しています。
https://www.rekihaku.ac.jp/rakuchu-rakugai/DB/kohon_research/kohon_people_DB.php
〔東山名所図屏風〕
・**上野友愛「「東山名所図屏風」について」**（『國華』１３３１号、二〇〇六年）
清水寺を中心に描いた参詣曼荼羅的な風俗画「東山名所図屏風」（国立歴史民俗博物館蔵）を学界に紹介した論文。鉄砲で鳥を撃つ場面が清水寺の禁制と一致するなど、一六世紀後期の作と見られることがわかりました。

〔月次風俗図屛風〕

・**井戸美里『戦国期風俗図の文化史　吉川・毛利氏と「月次風俗図屛風」』**（吉川弘文館、二〇一七年）

室町時代末頃の祭礼や暮らしを描いた「月次風俗図屛風」（東京国立博物館蔵）の研究書。吉川氏に伝来した状況なども詳しく書かれています。

〔近世職人尽絵詞〕

・**大高洋司・大久保純一・小島道裕編『鍬形蕙斎画　近世職人尽絵詞　江戸の職人と風俗を読み解く』**（勉誠出版、二〇一七年）

一九世紀初、文化年間の江戸の風俗を描いた「近世職人尽絵詞」を大判のオールカラーで全巻収載。翻刻と詳しい注釈および解題も付けられています。

・**横山百合子「一九世紀江戸・東京の髪結と女髪結」**（高澤紀恵他編『別冊都市史研究　パリと江戸―伝統都市の比較史へ』山川出版社、二〇〇九年）

女髪結は、非合法だった江戸時代から文明開化を経て、下層の職業として定着し、蔑視を受けながらも女性の経済的自立を支える職業となっていきました。

第五章

・**福田千鶴『春日局』**（ミネルヴァ書房、二〇一七年）

春日局はなぜ袴《はかま》姿？　春日局の画像は二種が伝えられていますが、いずれも緋色の袴を身に着けています。これは春日局が京都で後水尾《ごみずのお》天皇に拝謁した際に与えられたためで、江戸城における高貴な女性の服制として定着します。

・**福田千鶴『女と男の大奥―大奥法度を読み解く』**（吉川弘文館、二〇二一年）

大奥の歴史、職制、機能を「大奥法度」から明らかにし、多くの男性も出入していた実像から、「女たちの大奥」という常識を問い直します。

・**大口勇次郎『江戸城大奥をめざす村の娘―生麦村関口千恵の生涯』**（山川出版社、二〇一六年）

自らの人生を切り開く千恵の姿を通して、将軍家大奥や大名家の奥が町人や百姓の女性たちの労働力を必要とし、女性たちにとっても奥奉公が魅力ある職業だったことが見えてきます。

第六章

・**辻浩和『中世の〈遊女〉―生業と身分』**（京都大学学術出版会、二〇一七年）

中世遊女の家や集団の構造を解明しつつ、今様の流行と衰退が遊女たちの生活に与えた影響を論じています。その結果、遊女の仕事の主軸が一三世紀後半を境にして芸能から売春へと移っていったことが明らかにされました。

・**横山百合子「幕末維新期の社会と性売買の変容」**明治維新史学会編『講座明治維新9　明治維新と女性』（有志舎、二〇一五年）。

近世後期の新吉原遊廓を対象として、性売買システムの構造、遊客と遊女の意識と行動、明治維新による娼婦への蔑視の強化を明らかにします。

〔梅本記（梅本屋佐吉抱え遊女付け火一件）〕

・**横山百合子「遊女の「日記」を読む」**（長谷川貴彦編『エゴ・ドキュメントの歴史学』岩波書店、二〇二〇年）
梅本屋佐吉抱え遊女付け火一件の裁判資料として作成された『梅本記』を、遊女のリテラシーに着目して読み解き、新吉原遊廓と遊女の姿を明らかにします。

〔「遊女かしく嘆願書」〕
・**横山百合子『江戸東京の明治維新』**（岩波新書、二〇一八年）
激動の明治維新期、解放をもとめて闘った新吉原遊女かしくの姿をとおして、売春の位置付けが転換し娼婦の蔑視に至る過程を探ります。

〔「遊客帳」〕
・**横田冬彦「「遊客名簿」と統計―大衆買春社会の成立」**（『「慰安婦」問題を／から考える』岩波書店、二〇一四年）
〔継続する「身売り」〕
・**齊藤俊江（飯田市歴史研究所）「飯田遊廓と娼妓の生活」**『シリーズ遊廓社会2　近世から近代へ』（吉川弘文館、二〇一四年）
〔遊廓の日常生活　八日市新地〕
・三露俊男「**滋賀県八日市市八日市新地遊廓**」『近代庶民生活誌』13（三一書房、一九九二年）
〔近代化と娼妓〕
・**小野沢あかね『近代日本社会と公娼制度』**（吉川弘文館、二〇一〇年）
近代日本の公娼制度を、それに向けられた批判の論理から読み解くと同時に、東アジアに拡大した日本の公娼制度の特徴を国際関係史の視点から解明します。

・**人見佐知子『近代公娼制度の社会史的研究』**（日本経済評論社、二〇一五年）

近世に成立した性売買のシステムが、芸娼妓解放令を契機として近代公娼制度へと再編されていく過程をたどり、娼妓らの「解放」とは何であったかを問うています。

・**吉見義明『買春する帝国—日本軍「慰安婦」問題の基底』**（岩波書店、二〇一九年）

第七章

〔音楽と女性たち〕

「歴博フォーラム」を展示期間中に開催の予定でしたが、コロナ禍で中止となったため、その内容が、左記のYouTube番組として公開されています。

・第113回歴博フォーラム「音楽と女性たち『天使のピアノ』とともに」にかえて

・プロローグ「石井筆子と天使のピアノ」（ピアノ演奏・三好優美子）

・第1部「天使のピアノの音色に親しむ　バッハ　ベートーヴェン　デュラン」（同）

・第2部「北欧の女性作曲家　グレンダールとアンドレー」（同）

・第3部「地域・ジェンダーを超えて　金井喜久子　バダジェフスカ　聖歌」（同）

・基調講演「石井筆子と北欧とのつながり」小林緑（国立音楽大学名誉教授）

・解説「近代日本の女性作曲家　幸田延　松島彝　金井喜久子」内田順子（国立歴史民俗博物館）

https://www.youtube.com/playlist?list=PLVpS_omS8zWLznM05AAMSmnEQTcBjEayM

〔女性の工場労働と生理休暇〕

・**田口亜紗『生理休暇の誕生』**（青弓社、二〇〇三年）

戦前に女性官僚の先駆けとして内務省に入った谷野せつが、工場監督の業務の中で女性労働者に月経について聞き取りを行い、戦後の労働基準法制定過程で生理休暇の導入に尽力したことなどに触れられています。

〔女工と生理用品〕

・**田中ひかる『生理用品の社会史』**（ミネルヴァ書房、二〇一三年）

生理用品にまつわるさまざまなエピソードや製品の変遷が紹介され、中でも女性の工場労働者にとって生理用品の導入が持っていた意味の大きさがわかります。

〔鉱山労働とジェンダー〕

・**野依智子『近代筑豊炭鉱における女性労働と家族』**（明石書店、二〇一〇年）

筑豊炭鉱は、夫が石炭を採掘し、妻が搬出を行う、二人一組の「夫婦共稼ぎ」の労働形態が多く見られました。一九二〇年代に女性の坑内労働は機械化や規則改正で失われ、炭鉱の「主婦」へと位置づけが変わっていきました。

〔アジア太平洋戦争後の社会〕

・労働省婦人少年局関連の資料は、「女性就業支援全国展開事業事務局」のサイトからも、紙芝居・幻灯、パンフレットなどを多数閲覧することができます。

https://joseishugyo.mhlw.go.jp/history/index.html

https://joseishugyo.mhlw.go.jp/history/gazou_kensaku_exe.php

〔コンピューターとジェンダー〕

・**前山和喜『計算の歴史学とジェンダー――誰が計算をしていたのか？』**（文学通信Ｗｅｂサイト、二〇二〇年）

文学通信という出版社のサイトに連載された全五回の記事。コンピューティング史という観点から、「コンピュータ系の職は男性的な仕事」というジェンダーイメージが形成されてきた過程について考察している。

https://bungaku-report.com/computing.html

あとがき

国立歴史民俗博物館国際研究集会「歴史展示におけるジェンダーを問う　How is Gender Represented in Historical Exhibitions?」の内容は「基盤研究「日本列島社会の歴史とジェンダー」中間報告」（『国立歴史民俗博物館研究報告』第二一九集、二〇二〇年）に全文が掲載されており、歴博リポジトリで読むことができます。

全体的な物

●**企画展示図録『性差《ジェンダー》の日本史』**（国立歴史民俗博物館、二〇二〇年）

本書の元になった企画展示の図録。三二〇頁と大部で、オールカラー、解説も充実しているので、本書で興味を持たれた方はぜひご覧ください。歴博ミュージアム・ショップまたは同ショップ通信販売で購入できます。

●**総合女性史学会・辻浩和・長島淳子・石月静恵編『女性労働の日本史　古代から現代まで』**（勉誠出版、二〇一九年）

「仕事とくらし」という、展示の際に一つの柱となったテーマを扱っています。古代以来の田植え労働や織物生産、中世の遊女の「家」、近世の髪結と女髪結、農村女性の大奥奉公、近代の主婦と繊維産業の女性労働者などについての近年の研究成果が示されています。

〈所収の関連論文〉

・**義江明子「古代の女性労働」**

九世紀には「刀自《とじ》」と呼ばれた女性たちが経営主として地域の人々を指揮し、地域の宗教活動の中核を担ったことが指摘されています。本書でも触れた「里刀自」木簡や田植木簡や、田植えをめぐる性別分業についても詳しい説明があります。

・**伊集院葉子「古代女官の特質」**

古墳時代には地方豪族層の男女が男女共同労働の形で大王に奉仕したことを指摘し、律令制の官僚機構が男性中心に作り上げられた後にも女官と男官の男女共同労働が残った点に日本の特質を見出しています。

・**伴瀬明美「女房として出仕すること」**（第二章に既出）

・**菅野則子「近世女性の「はたらき」とその周辺」**

「官刻孝義録」などに採録された、女性が対価として賃銭を得る労働を「はたらき」として、その実態を明らかにしています。

・**辻浩和「中世遊女の仕事風景」**

中世前期（九〜一四世紀）の遊女たちの仕事内容や評価されたポイント、報酬や職業組合、家族との関係などについて説明します。遊女の仕事内容が多岐にわたり、「家業」として母から娘に受け継がれたことは、本書の「今様之濫觴」と関わります。

・**横山百合子「女の髪を結う―変容するまなざし―」**
明治維新後の女髪結が、仲間のネットワークを活かして徴税を逃れようとするなど、時代の変化に臨機に対処しつつ、一家の大黒柱として家族を支えていたことを論じます。

・**東村純子「古代織物生産の権力構造と女性」**
甲塚《かぶとづか》古墳の機織形埴輪から、麻布生産の技術を伝えてきた女性たちとそれを管理・統率する首長層女性の存在を浮かび上がらせます。律令国家もまた、こうした女性たちの技術を必要とし、国家的な編成を図りました。

・**榎一江「製糸工女と衣料生産」**
工場法の施行後、大手の工場では一定程度福利厚生制度が増進します。その中で工女（女工）に提供された裁縫などの女子教育について論じています。

●**久留島典子他編『歴史を読み替える　ジェンダーから見た日本史』**（大月書店、二〇一五年）
ジェンダーの視点から日本の歴史を読み替える試み。一般的な高校歴史教科書を参考に章立てされており、日本女性史やジェンダー史研究の成果を教育現場に届けたいという願いから編集されました。高校や大学教養科目等の日本史授業を、ジェンダー視点を入れて構成しようとする際の具体的な素材が、時代を追って一一三のテーマが掲げられ、各専門の研究者二九名が解説しています。「邪馬台国の男女」「古墳に葬られた女性首長」（義江明子）、「皇室典範の成立と近代家族規範」（長志珠絵）、「石炭産業の発展と女性労働」（加藤千香子）など、多くの項目が本書の主題と関連しています。

●三成美保他編『歴史を読み替える　ジェンダーから見た世界史』（大月書店、二〇一四年）

前書の姉妹編。刊行に合わせ「比較ジェンダー史研究会」のHP（https://ch-gender.jp/wp/）が立ち上げられ、本に盛り込めなかったアフリカのジェンダー史研究の成果なども提供され、随時更新されています。

●総合女性史学会編『女性官僚の歴史』（吉川弘文館、二〇一三年）

「政治空間における男女」についての参考文献。「官僚」についての書物には女性が全く登場しないことも珍しくない中で貴重です。

〈所収の関連論文〉

・**伊集院葉子「女性の「排除」と「包摂」―古代の権力システムのなかの女官」**

日本の古代国家が官僚機構を作った時に直面した矛盾に焦点を合わせます。当時の国際社会の「先進」理念は「女性排除」ですが、古代の日本は女性大活躍社会でした。結局、行政システムに女性を入れざるを得なかったのです。

・**柳谷慶子「大名家「女使」の任務―仙台藩伊達家を中心に」**

仙台藩伊達家の奥女中が、武家の女性家臣として、将軍家大奥への儀礼務めの使者（女使、おんなつかい。御城使）となり、縁組など交渉の伝達役ともなったことを明らかにしています。奥女中は、大名家の権力支配に関わる重要な存在でした。

・**早川紀代「帝国憲法と女性高等官の存在」**

女性を排除する法体系の中で、例外規定を用いて女性の勅任官・奏任官を任用する手法を解明しています。

・**金子幸子「労働省婦人少年局と女性官僚たち―第一期を中心に」**
戦前に内務官僚となった谷野せつから、戦後に労働省婦人少年局で働いた女性たち、エピローグの村木厚子さんに至るまでの近現代日本の女性官僚の系譜が扱われています。日本近代の女性官僚の研究はほとんど手つかずの状態であり、この両論文は先駆的な研究成果です。

●**高埜利彦編『近世史講義―女性の力を問いなおす』**（ちくま新書、二〇二〇年）
近世の「政治空間における男女」と「性の売買」についての参考文献で、本書に関連するのは以下の各稿です。

・**福田千鶴「徳川政権の確立と大奥」**
将軍家康から四代家綱までの時期に徳川氏が推し進めた婚姻政策の観点から、諸大名との関係や家督継承の意味を読み解き、幕府の意思決定に大奥が関与する構造が成り立つ過程、政治の場としての奥と表の空間構造を描きます。

・**柳谷慶子「武家政治を支える女性」**
ジェンダー史的観点の研究以前には、大名家当主の私的空間とのみ見なされていた「奥向」の政治的役割を読み解きます。

・**横山百合子「遊女の終焉へ」**
一八七二年の芸娼妓解放令によって近世の遊女は終焉に向かい、近代公娼制度の「自売」の論理の下で、「自ら売春する淫乱な女」という娼妓蔑視のまなざしが強まっていきました。

●**総合女性史学会編『ジェンダー分析で学ぶ女性史入門』**（岩波書店、二〇二一年）

女官、遊廓、男性史、LGBTなどのテーマをとりあげ、ジェンダー視点によって歴史のとらえ方がどのように変わるのかをわかりやすく示しています。史資料の具体的な分析方法が示されている点が特徴です。

●**『ジェンダー史叢書』**(明石書店、二〇〇九〜二〇一一年)

地域・方法横断的に、ジェンダー史の視座に立つ研究の可能性を示した成果です。

1『権力と身体』(服藤早苗・三成美保 編著)

同性愛、宗教、「生政治」(第1部)、生殖をとりまく権力構造と多様な生殖コントロール(第2部)、古代から現代までの日本における買売春の成立と展開、近現代の心身売買(第3部)を扱っています。

2『家族と教育』(石川照子・高橋裕子 編著)

家族と教育の場は、次世代と労働力の再生産に直接関わる領域として、ジェンダー規範が集約的に出現します。近年の家族史・女性史研究が明らかにした、「近代家族」「ポスト近代家族」という家族形態と教育にまつわるトピックを取り上げています。

3『思想と文化』(竹村和子・義江明子 編著)

近代以前の性の体制を中心に、「学問の変革と再生」「信仰の主体」「文化とメディア」の各分野について、特定の時代、特定の事象の中で、性にまつわる言説がどのように作られてきたかを追跡しています。

4『視覚表象と音楽』(池田忍・小林緑 編著)

表現領域における女性の不可視化、女性/男性身体とイメージにかけられたバイアスを問うています。博物館等の歴史展示では、さまざまな視覚表象や音楽が史資料として提示されますが、その扱いを考え、理解を深める上で参考にしてほしい一冊です。

5『暴力と戦争』（**加藤千香子・細谷実 編著**）

暴力の歴史を問い直し、その構造や行使される過程をジェンダーの視点から明らかにすることで、歴史の新たな側面に光をあてています。

6『経済と消費社会』（**長野ひろ子・松本悠子 編著**）

古代から現代まで、時代の経済システムに適合・共存してきた家父長制の下、富と権力の分配、生産と再生産、労働と消費は、いかにジェンダー化されてきたかを明らかにしています。

7『人の移動と文化の交差』（**粟屋利江・松本悠子 編著**）

人々の移動と文化の交流の視点から、地域と時代を横断してみられたジェンダー言説をすくい上げることによって、これまでの歴史理解や記述を読み直す可能性を探っています。

8『生活と福祉』（**赤阪俊一・柳谷慶子 編著**）

日常の暮らしや、衣・食・住の生活文化、誕生から死に至るライフコースの儀礼には、性別の規範や秩序が色濃く存在します。その形成や変遷について、具体例を挙げながら分析しています。

●**総合女性史研究会編『史料にみる日本女性のあゆみ』**（吉川弘文館、二〇〇〇年）

刊行から二〇年余りたっていますが、本書で取り上げた史料を含む女性史の基本的な史料集。わかりやすい解題、注があり、理解を深めることができます。

「性差《ジェンダー》の日本史」展示プロジェクト（所属は展示当時）

池田 忍　千葉大学大学院人文科学研究院
伊集院葉子　専修大学
長 志珠絵　神戸大学大学院国際文化学研究科
小野沢あかね　立教大学文学部
久留島典子　東京大学史料編纂所
小林 緑　国立音楽大学名誉教授
下江健太　鳥取県埋蔵文化財センター
清家 章　岡山大学大学院社会文化科学研究科
田中 禎昭　専修大学文学部
塚田 良道　大正大学文学部
辻 浩和　川村学園女子大学文学部
伴瀬 明美　東京大学史料編纂所
東村 純子　福井大学国際地域学部
人見佐知子　近畿大学文芸学部
廣川 和花　専修大学文学部
福田 千鶴　九州大学基幹教育院
松沢 裕作　慶應義塾大学経済学部
水野 僚子　日本女子大学人間社会学部
村 和明　東京大学大学院人文社会系研究科
森下 徹　山口大学教育学部
柳谷 慶子　東北学院大学文学部
義江 明子　帝京大学名誉教授

◆国立歴史民俗博物館

内田 順子
小島 道裕（副代表）
澤田 和人
鈴木 卓治
仁藤 敦史
三上 喜孝
横山百合子（代表）

協力：齊藤俊江（飯田市歴史研究所）
野依智子（福岡女子大学）
前山和喜（総合研究大学院大学）

国立歴史民俗博物館《こくりつれきしみんぞくはくぶつかん》

千葉県佐倉市にある、日本の歴史と文化について総合的に展示する博物館。通称、歴博《れきはく》。「大学共同利用機関」として歴史学・考古学・民俗学と関連諸科学の連携による共同研究を行い、その成果を展示や出版物などで広く公開している。二〇二〇年秋に開催された企画展示「性差《ジェンダー》の日本史」は、二〇一六年から三年間かけて行われた共同研究の成果を発表したもの。

横山百合子《よこやまゆりこ》

「性差の日本史」展示プロジェクト代表。一九五六年生まれ。国立歴史民俗博物館名誉教授。専攻、日本近世史。

インターナショナル新書〇八三

新書版

性差《ジェンダー》の日本史《にほんし》

二〇二一年一〇月一二日　第一刷発行
二〇二四年　八　月二六日　第六刷発行

監　修　国立歴史民俗博物館《こくりつれきしみんぞくはくぶつかん》
編　者　「性差《ジェンダー》の日本史《にほんし》」展示《てんじ》プロジェクト
発行者　岩瀬　朗
発行所　株式会社 集英社インターナショナル
〒一〇一-〇〇六四 東京都千代田区神田猿楽町一-五-一八
電話 〇三-五二一一-二六三〇
発売所　株式会社 集英社
〒一〇一-八〇五〇 東京都千代田区一ツ橋二-五-一〇
電話 〇三-三二三〇-六〇八〇（読者係）
〇三-三二三〇-六三九三（販売部）書店専用
装　幀　アルビレオ
印刷所　大日本印刷株式会社
製本所　大日本印刷株式会社

インターナショナル新書

082
プロが語る胸アツ「神」漫画 1970-2020
きたがわ翔

「あの漫画のルーツはどこにあるのか」「萩尾望都『半神』が神作品の理由」「『鬼滅の刃』大ヒットの秘密」……。「日本一漫画に詳しい漫画家」が、漫画界に革命を起こした作家たちの作品とその表現方法を解説！

084
それでも映画は「格差」を描く
「最前線の映画」を読む Vol.3
町山智浩

なぜ貧困や格差を描く映画には「雨」が付き物なのだろうか？　『ジョーカー』『パラサイト 半地下の家族』『万引き家族』『天気の子』など、今、世界中の映画作家たちがこぞって「格差」を採り上げる理由とは？

085
松本隆のことばの力
藤田久美子

作詞家、松本隆に五〇年のキャリアのすべてをインタビュー。多くのアーティストに提供した歌詞の背景から浮かび上がるのは「ことば」のおもしろさと可能性。そこにこめられた思い、時代の風も未来に伝える。

086
公共貨幣入門
山口　薫
山口陽恵

主流派経済学やMMTの誤りを指摘し、現在の「債務貨幣」にかわる新たな貨幣システム「公共貨幣」を提唱。「公共貨幣」を取り戻せば「ゼロ成長」から脱却でき、新しい未来が開けることを論証する。